Ernst Meyer-Altona

Die Skulpturen des Strassburger Münsters

1. T.: Die älteren Skulpturen bis 1789

Ernst Meyer-Altona

Die Skulpturen des Strassburger Münsters
1. T.: Die älteren Skulpturen bis 1789

ISBN/EAN: 9783744619493

Hergestellt in Europa, USA, Kanada, Australien, Japan

Cover: Foto ©Thomas Meinert / pixelio.de

Weitere Bücher finden Sie auf **www.hansebooks.com**

STUDIEN
ZUR
DEUTSCHEN KUNSTGESCHICHTE

DIE SKULPTUREN
DES
STRASSBURGER MÜNSTERS.

ERSTER TEIL:
DIE ÄLTEREN SKULPTUREN BIS 1789.

VON

ERNST MEYER-ALTONA

MIT 35 ABBILDUNGEN.

STRASSBURG
J. H. ED. HEITZ (HEITZ & MÜNDEL)
1894

J. H. ED. HEITZ (HEITZ & MÜNDEL).

BIBLIOTHECA ROMANICA.
Preis jeder Nummer 40 Pfennige.
Jedes Werk auch gebunden vorrätig.

1. **Molière,** Le Misanthrope.
2. **Molière,** Les Femmes savantes.
3. **Corneille,** Le Cid.
4. **Descartes,** Discours de la méthode.
5/6. **Dante,** Divina Commedia I: Inferno.
7. **Boccaccio,** Decameron. Prima giornata.
8. **Calderon,** La vida es sueño.
9. **Restif de la Bretonne,** L'an 2000.
10. **Camões,** Os Lusíadas: Canto I, II.
11. **Racine,** Athalie.
12/15. **Petrarca,** Rerum vulgarium fragmenta
16/17. **Dante,** Divina Commedia II: Purgatorio
18/20. **Tillier,** Mon oncle Benjamin.
21/22. **Boccaccio,** Decameron, Seconda giornata.
23/24. **Beaumarchais,** Le Barbier de Séville.
25. **Camões,** Os Lusíadas: Canto III, IV.
26/28. **Alfred de Musset,** Comédies et Proverbes.
29. **Corneille,** Horace.
30/31. **Dante,** Divina Commedia III: Paradiso.
32/34. **Prévost,** Manon Lescaut.
35/36. Oeuvres de Maître **François Villon.**
37/39. **Guillem de Castro,** Las Mocedades del Cid I, II.
40. **Dante,** La Vita Nova.
41/44. **Cervantes,** Cinco Novelas ejemplares
45. **Camões,** Os Lusíadas: Canto V, VI, VII
46. **Molière,** L'Avare.
47. **Petrarca,** I Trionfi.
48/49. **Boccaccio,** Decameron, Terza giornata.
50. **Corneille,** Cinna
51/52. **Camões,** Os Lusíadas: Canto VIII, IX, X.
53/54. **La Chanson de Roland.**
55/58. **Alfred de Musset,** Poésies (1828—1833).
59. **Boccaccio,** Decameron, Quarta giornata.
60/61. Farce de Maistre **Pierre Pathelin.**
62/63. **Giacomo Leopardi,** Canti.
64/65. **Chateaubriand,** Atala.
66. **Boccaccio,** Decameron, Quinta giornata
67/70. **Blaise Pascal,** Les Provinciales.
71/72. **Le cento novelle antiche.**
73/74. **Calderon,** El Mágico Prodigioso.
75/77. **Lamartine,** Méditations.
78/79. **Giambattista Strozzi,** I madrigali.
80. **Corneille,** Polyeucte.
81/83. **Balzac,** Eugénie Grandet.
84. **Boileau,** Art poétique.
85/86. **Boccaccio,** Decameron, Giornata sesta e settima.
87/88. **Voltaire,** Zadig ou la Destinée.
89/90. **Boccaccio,** Decameron, Giornata ottava.
91. **Leopardi,** Pensieri.
92. **Corneille,** Le Menteur.
93 **Boccaccio,** Decameron, Giornata nona.
94/95. **Brunetto Latini,** Tesoretto.
96/98. **Balzac,** Le Cabinet des Antiques.
99/100 **Boccaccio,** Decameron, Giornata decima.
101. **Boileau,** Le Lutrin.
102/107. **La Bruyère,** Caractères.
108. **Maffei,** Merope.
109 **Goldoni,** Locandiera.
110/111. **Metastasio,** Didone abbandonata.
112/114. **Tillier,** Belle-Plante et Cornélius.
115/116. **Redi,** Poesie Toscane.
117/118. **B. de Saint-Pierre,** Paul et Virginie.
119. **Molière,** Tartuffe.
120/122. **Boccaccio,** La Fiammetta.
123. **Machiavelli,** Mandragola.
124. **Goldoni,** Le Donne Curiose.

Weitere Bändchen in Vorbereitung.

Durch jede Buchhandlung zu beziehen.

STUDIEN ZUR DEUTSCHEN KUNSTGESCHICHTE
7. HEFT.

DIE SKULPTUREN
DES
STRASSBURGER MÜNSTERS.

ERSTER TEIL:

DIE ÄLTEREN SKULPTUREN BIS 1789.

VON

ERNST MEYER-ALTONA

MIT 35 ABBILDUNGEN.

STRASSBURG
J. H. ED. HEITZ (HEITZ & MÜNDEL)
1894.

11

Inhalt.

	Seite.
Einleitung	1
1. Kapitel: Daniel Specklin und Hoseas Schadaeus. — Krutzmann. — Mars. — Das Relief vom inneren Portal der Laurentiuskapelle. — Die Skulpturen am und im südlichen Querhaus. — Skulpturen am Langhaus und Vierungsturm. — Die Skulpturen der Westfassade und des Lettners. — Die Statuen vor der Katharinenkapelle. — Die Skulpturen des 3. Geschosses der Westfront. — Die Skulpturen am Nordturm. — Der Mann über dem Uhrblatt und der Mann an der Balustrade des südlichen Querschiffes. — Die Skulpturen der Laurentiuskapelle. — Uebersicht	3
2. Kapitel: Reliefs. — Kapitäle. — Wasserspeier, Konsolen etc.	58
Anhang: Der Oelberg	77
Nachtrag	80
Verzeichnis der Abbildungen	81

Sagen und Märchen[1] sind es, die von den Bildwerken des Straßburger Münsters die erste und oft einzige Kunde bringen; sie wissen von dem wunderbaren Holz zu erzählen, das keines Menschen Hand bewegen kann, bis es endlich, zum Bilde Christi bestimmt, mit leichter Mühe gehoben wird; sie bringen Nachricht von den kunstreichen Werken der Bildhauerin Sabina und sie künden die Strafe des fürwitzigen Bäuerleins, das an des Meisters Können gezweifelt hat und nun im steinernen Bild ewig zu den Gewölben emporsehen muß, deren Festigkeit es einst mißtraute. Aber während so Sage und Ueberlieferung Wunderbares zu erzählen weiß, verstummen die Urkunden und nur selten wissen die Schriften, welche sich die Beschreibung des Münsters zur Aufgabe machten oder in der Erzählung der Schicksale der Stadt Straßburg auch denen des Münsters einen Platz einräumten, etwas über den Skulpturenschmuck zu bringen, was über das Gebiet der Fabel hinausreicht.

Alles, was die älteren Chronisten und Beschreiber[2] über die Statuen sagen, beschränkt sich, abgesehen von einigen, kleineren Notizen, auf die mysteriöse Gestalt Krutzmanns, auf die 3 Reiterbilder und auf eine Aufzählung der Skulpturen am Hauptportal und an den Portalen des Querhauses. Erst *Schneegans*[3] brachte in seinen zahlreichen Aufsätzen über das Münster so manchen Irrtum, der sich im Laufe der Jahre eingeschlichen hatte, ans Tageslicht, und es war seine Absicht, in einem größeren Werk neben der Baugeschichte auch den gesamten Skulpturenschmuck zu behandeln. Der Tod hinderte ihn daran. Nur die Disposition, sowie einige Bemerkungen über das Marienbild an der Südfront, über die Bilder des Christophorus etc. finden sich im Manuskript, das noch jetzt auf der städtischen Bibliothek zu Straßburg vorhanden ist. Dann war es in neuester Zeit *Prof. F. X. Krauss*, der in seinem Werk „Kunst und Altertum in Elsaß-Lothringen" in den Regesten zur Geschichte des Münsters, sowie in den „Skulpturen" und „zerstörte Skulpturen" überschriebenen Kapiteln nicht nur die gesamte Literatur zusammenstellte, sondern auch über einen Teil der älteren Bildwerke, was ihre Entstehungszeit und Symbolik betrifft, eingehend gehandelt hat. Aber doch ist nur ein Teil der Skulpturen von ihm in den Bereich seiner Arbeit hineingezogen, eine genaue Sonderung des Alten vom Neuen, eine Angabe des gesamten Skulpturenbestandes fehlt auch hier, ebenso wie ein näheres Eingehen auf die zahlreichen, ikonographischen Fragen.[1]

Diese Lücke auszufüllen, sowie einer stilvergleichenden Bearbeitung des Skulpturenschmuckes als Voruntersuchung zu dienen, ist der Zweck dieser Arbeit.

Ihr vorliegender, erster Teil wird sich mit den älteren Skulpturen beschäftigen und mit dem Ende des XVIII. Jahrhunderts abschließen.

Der folgende, zweite Teil soll die Zeit von der Revolution bis zur Jetztzeit umfassen, d. h. er wird die Zerstörungen im Jahre 1792, und die nachfolgenden Restaurationsarbeiten schildern.

Im dritten Teil endlich wird die Ikonographie behandelt werden.

ERSTER TEIL.

DIE ÄLTEREN SKULPTUREN bis 1789.

ERSTES KAPITEL.

Für den Wert der einzelnen Ueberlieferungen ist es von Wichtigkeit, festzustellen, welchen Einfluß die sogenannten Kollektaneen *Specklins* auf die ausführlichste der früheren Münsterbeschreibungen, nämlich auf diejenige des *Oseas Schadaeus* von 1617 gehabt haben.

Daniel Specklin[4] (1536—1589), Festungsbaumeister der Stadt Straßburg, hatte emsig aus alten Büchern und Chroniken Auszüge gemacht und trug sich mit dem Gedanken ein großes Werk über die Stadt Straßburg, „von anfang bis auf unser zeytt, do sichs endt", zu verfassen. 1587 bat er den Magistrat zur Prüfung seiner Kollektaneen eine Kommission einzusetzen, die feststellen sollte, ob durch die Veröffentlichung dieser Exzerpte der Stadt Straßburg ein Schaden erwachsen könne. Obwohl dies verneint wurde, kam der Plan *Specklins* nicht zur Ausführung, da er schon 2 Jahre später starb.

Die Manuskripte erwarb 1589 der Pfarrer *Schadaeus* für 30 Florins, um sie für seine Schriften über Straßburg zu benutzen, aber auch er hat nur seine Beschreibung des Münsters[5] im Druck erscheinen lassen, eine weitere Schrift, eine Chronik über Straßburg, blieb Manuskript und befindet sich noch heute in der städtischen Bibliothek zu Straßburg.

Nach seinem Tode gelangten die Kollektaneen in das
städtische Archiv und dann in die Bibliothek, wo sie am
24. August 1870 durch den, infolge der Beschießung ent-
standenen Brand vernichtet wurden. Die Arbeit *Specklins* war
zerstört, aber es existierte noch eine große Anzahl von Auszügen aus den Kollektaneen, welche im Laufe der Jahre, Straßburger Gelehrte sich gemacht hatten; so sind für den Zweck
dieser Abhandlung vor allem die Papiere von *Schneegans* wichtig,
der sich, wie schon erwähnt, mit dem Plan einer umfassenden
Arbeit über das Münster trug, und dem es noch vergönnt war,
aus den Kollektaneen alle hierauf bezüglichen Stellen zu ex-
zerpieren; auch andere Gelehrte, wie *Silbermann, Jung, Röhrich
und Wencker* haben die Aufzeichnungen *Specklins* viel benutzt. Es
war daher möglich, nach den vorhandenen Auszügen einen
großen Teil des vernichteten Werkes wieder herzustellen, eine
Arbeit, die von *Dr. R. Reuss* vollendet wurde und als 2. Bd.
der „fragments des anciennes chroniques d'Alsace" unter dem Titel
„Les Collectanées de Daniel Specklin, chronique
strasbourgeoise du seizième siècle. Fragments re-
cueillis par Rodolphe Reuss, Strasbourg 1890" er-
schien. Die Bruchstücke sind chronologisch geordnet und mit
durchlaufenden Nummern versehen.

Schadaeus hat nun, wie aus der folgenden Aufstellung her-
vorgehen wird, einen ausgiebigen Gebrauch von den in seinem
Besitz befindlichen Kollektaneen gemacht, inhaltlich und auch
wörtlich sind eine ganze Anzahl der Exzerpte Specklins von ihm
übernommen worden.

Specklin		Schadaeus	Specklin		Schadaeus
Nr. 686	König Karl in Straßburg	p. 9	Nr. 1046	Münsterbau	p. 13/14
» 727	Großes Weller	» 10	» 1096	Münsterbau und Sabina	» 14
» 729	Münsterbau 1015	» 11	» 1116	Münsterbau und Königsbilder	» 45
» 737	St. Thomaskirche (teilweise)	» 12	» 1166	Neubau des Mün- sters und Tier- prozession	» 15
» 797	Brand im Mün- ster	» 20	» 1185	Streit im Mün- ster	» 80
» 922	St. Georgkapelle im Münster ge- baut	» 13	» 1252	König Ludwig kommt nach Straßburg	» 80
» 1041	Münsterbau	» 13			

Specklin		Schadaeus	Specklin		Schadaeus
Nr. 1350	St. Katherinenkapelle am Münster gebaut	p. 16	Nr. 2172	Schlagglocke und St. Lorenzkapelle	p. 18/23
» 1411	König Karl kommt nach Straßburg	» 80	» 2176	Wetter schlägt ins Münster	» 21
» 1548	Münsterturm gebaut	» 16	» 2184	Altar im Münster gemacht	» 35
» 1595	Münsterglocke	» 23	» 2208	Ein Wetter am Neujahrstag	» 21
» 1649	Mordglocke neu gegossen	» 23	» 2218	Neue Glocke gegossen	» 23/24
» 1801	Großer Brand	» 20	» 2224	Münsterglocke	» 24
» 1836	Neue Orgel im Münster	» 27	» 2227	Münsterglocke zersprungen	» 24/25
» 1853	Das traurige Marienbild im Münster	» 16	» 2341	Ein Sturmwind	» 21
» 1997	Sterben, neuer Glockenguß	» 23	» 2350	Münsterglocke zersprungen	» 25
» 2079	Münsterbau, Marienbild	» 17	» 2442	Blitz schlägt ins Münster	» 21
» 2102	Taufstein im Münster gesetzt	» 36	» 2444	Münster durch den Blitz geschädigt	» 21
» 2103			» 2456	Blitz schlägt ins Münster	» 21
» 2115	Neues Gewölbe im Münster	» 17	» 2461	Blitz schlägt ins Münster	» 21
» 2126	Das Wetter schlägt ins Münster	» 20	» 2467	Schnee und Gewitter	» 22
» 2132	Ratsglocke gegossen	» 23	» 2478	Münsterbauten	» 19
» 2158	Münsterbauten, Marienbild	» 17	» 2479	Betglocke gegossen	» 25
» 2161	Knopf auf das Münster gesetzt	» 17	» 2492	Großes Hagelwetter	» 22
» 2170	Münsterbauten, Marienbild	» 18	» 2518	Lichterscheinungen auf dem Münster	» 81
			» 2439	Bleidach am Münster	» 19

Aus dieser Zusammenstellung, welche sich noch vergrößern ließe, geht zu Genüge die Abhängigkeit des Schadaeus von *Specklin* hervor. Die wenigen Notizen über die Skulpturen beziehen sich auf das angebliche Werk der Sabina, auf die Reiterbilder der Könige, das Marienbild an der Südfront und auf die Junker von Prag, außerdem sind noch die Angaben über Krutzmann von Interesse. Dies ist alles, was uns überliefert ist, und das noch dazu aus einem Werk, welches schon die Zeitgenossen des Verfassers ein „farrago aus alten historien" genannt haben. Diese wenigen Angaben zusammen mit dem was *Schadaeus* hinzugefügt hat, bilden den Grundstock für die meisten der späteren Beschreibungen. Das, was diese Neues bringen, ist meist deskriptiver Natur und wird bei den betreffenden Statuen erwähnt werden.

Der Skulpturenschmuck des Straßburger Münsters gewährt dem Beschauer kein einheitliches Bild. Mag auch die Zahl der noch vorhandenen, alten Bildwerke größer sein als der Bestand manches wohlgefüllten Museums, so trifft doch der Blick nur zu oft auf leere Nischen oder auf moderne Restaurationen, die das undankbare Amt des Lückenbüßers für so viele, zerstörte Werke haben auf sich nehmen müssen, und deren größtes Lob: eine gute Nachahmung vergangener Stilrichtungen zu sein — häufig von den Zeitgenossen, selten von der Folgezeit ausgesprochen wird.

Auch der Stil der älteren Werke ist kein einheitlicher, denn fast jede Epoche, die an dem früh begonnenen Bau mitwirkte, hat in dem statuarischen Schmuck des Münsters sich ihr künstlerisches Denkmal gesetzt. Doch unter diesen Skulpturen, von dem Tode der Maria am Südportal bis zu den genialen, skizzenhaften Gestalten des Kaisers und des Mönchs hoch oben am Nordturm, herrscht eine Ungleichheit der Darstellung, welche mehr zum Beschauen einladet, als daß sie ermüdet. Da ist nicht jene schematische Entwickelung des künstlerischen Könnens zu bemerken, das in seiner Regelmäßigkeit zum beliebten Bild und Vergleich mit der wachsenden, blühenden und welkenden Pflanze herausforderte. Unvermittelt und unerklärbar, treten gerade die vollendetsten Werke uns entgegen, und oft wechseln die Ziele des mittelalterlichen Künstlers; nur in der Technik lassen sich Spuren von Tradition entdecken. Ist es zu einer Zeit die Darstellung des Gemütsausdrucks, die er mit den leisesten Mitteln zu erreichen weiß, so sucht er zu einer andern Zeit durch die malerische Behandlung des Gewandes und des Faltenwurfs zu wirken, oder er unternimmt es, die bewegte Handlung überzeugend darzustellen, oder endlich die scharfe Charakterisierung und peinlich genaue Wiedergabe des Beiwerkes fordern sein Können heraus. Zu allen Zeiten aber findet sich eine selbstlose Unterordnung unter die Architektur, deren Schmuck zu sein, die erste Bestimmung der Skulpturen war. Mag unter ihnen sich auch dies und jenes schwächere Werk befinden, es zeigt sich doch stets eine selbständige, niemals imitierende Gestaltungskraft, die diese Bildwerke durch einen gewaltigen Abstand von denen der Restaurationsperiode trennt.

Als älteste Figur kann eine jetzt nicht mehr vorhandene, antike Erzstatue, der sogenannte. Krutzmann genannt werden. Specklin berichtet darüber folgendes: „König Chlodwig hatte den Tempel, welcher dem Kriegsgott Krutzmanner geweiht war, schleifen lassen. Doch den alten Abgott, welchen die Römer Hercules Alemannus genambt haben, die Allemannen aber kriegsmann oder Gott des Krieges wie auch Martus wurde im Münster zum Andenken in der Michaelskapelle aufgestellt." — So gering die Zahl der Abbildungen von Statuen des Münsters ist, so hat es sich doch getroffen, daß gerade von dieser angeblich ältesten Figur sich eine solche erhalten" hat, die aus Specklins Kollektaneen von Schadaeus übernommen wurde und dann von dessen Nachschreibern häufig wieder abgebildet ist; zuletzt in korrekterer Form bei Schöpflin. Das Bild zeigt einen bärtigen, mit einem Kittel bekleideten, breitspurig dastehenden Mann, mit der Rechten stützt er sich auf die Keule, mit der Linken auf den Schild, um seine Schultern hängt die Löwenhaut. Die Statue hat eine Größe von 2 bis 3 Ellen. 1525 wurde sie mit andern Bildern aus dem Münster entfernt und ist dann spurlos verschwunden; „schad ist es, dass mans der Antiquität halb nicht fleissiger uffgehoben und verwahret hat" (*Schadaeus*). Die späteren Beschreiber wollten wissen, daß die Statue von Louvois nach Paris gebracht und dann zu Issy in einem „la barre" genannten Landhaus aufgestellt sei, ein Irrtum, welchen Schöpflin aufklärte, indem er nachwies, daß von der im Münster aufgestellten Statue keinerlei Nachrichten mehr vorhanden seien und, daß das Exemplar in Issy zwar auch aus Straßburg, aber nicht aus dem Münster stamme. Als drittes Exemplar führt er, allerdings irrtümlich, die noch jetzt vorhandene, aber sicher nicht antike Figur am Nordturm an. Die Statue des Herkules ist eine der populärsten und bekanntesten Figuren am Münster gewesen und noch im *Pfingstmontag* flucht der Herr Starkhans „Poz Herkeless am Münster" (IV, 4).

Den Namen Krutzmann bemühte sich *Schilter*[7] zu erklären und brachte folgendes zu Stande: „Dieser hat nun geheissen: KRUTZMANNE / oder Gruosmann, / das ist Grossmann, wie man es heutiges Tages ausspricht. Die Alten schreiben es Grozzi / Kero: Grozzii. grossitudine. Willeramus in Cantico Cant. : Gruoz unde scone., Gross und schöne Oder ist also vom kämpflichen grüssen genennt worden / denn wie aus den alten Glossen zu ersehen / so der Franc Junius ad Willeram p. 157 anführt, hat kruazen, cruozon insonderheit geheissen kampfflich grüssen / provociren / ausfordern / dass also Kruzmann soviel ist als Hercules Provocator" „Etymologia ingeniosa quidem, hinc tamen locum non potest habere" (*Schöpflin*).

Noch von einer zweiten Antike, einem Mars, oben auf der Plattform, wird häufig berichtet. Ihre genauere Beschreibung findet sich bei *Schöpflin* I, pag. 469 f.: In area, quae supremam summi Argentoratensium templi partem, turrimque alteram imperfectam tegit, lapidea Dei Martis duorum pedum et totidem pollicum statua est. Galeatus Mars iuvenis, cassidem cristatam gerens, thoraece militari, sive lorica, ipsam corporis formam et umbilicum exprimente, indutus cum zona, a qua fasciae, ut in heroicis vestimentis pendent, cum chlamyde vel pallio a tergo: dextra clypeum ovatae figurae, paulo curvatum, sinistra vero ensem Gallicum tenet. Calceus militaris, caligae species dimidium tibiae ad suram usque tegit, pars superior ultra genua ad medium usque cruris, ut et dimidia pars brachii, collumque sunt nudae, sed et digiti pedum non comparent. Nach der Abbildung zu urteilen, wird auch diese Statue eine Figur der Renaissance gewesen sein. Jetzt ist sie, ebenso wie der Krutzmann, verschwunden, jedoch wurde sie noch 1792 von dem dänischen Reisenden *Baggesen* auf der Plattform gesehen.

Etwas mehr als von den beiden erwähnten Figuren ist von dem Skulpturwerk, welches der zeitlichen Reihenfolge nach zunächst zu nennen ist, erhalten geblieben, nämlich die Umrisse und eine Inschrift. Es ist das Relief im Bogenfelde des innern Portals der

Laurentiuskapelle, welches in der französischen Revolution zerstört wurde. Jedoch hatten die Umrisse der Figuren sich so auf dem Stein abgedrückt, daß die Komposition wenigstens in ihren Hauptzügen noch heute deutlich zu erkennen ist. Dargestellt war die Anbetung der Könige, ihre Heimreise und ferner König David, die Harfe spielend. Die Anordnung war derart, daß Maria mit dem Kinde auf einem Thron in der Mitte des Bogenfeldes sich befand, ihr zur Rechten die drei Könige in langen Gewändern und, wie es scheint, nicht mit Kronen, sondern mit phrygischen Mützen, als Kopfbedeckung; sie stehen in einer Reihe nebeneinander, und der vorderste beugt sein Knie zur Anbetung. Zur Linken der Maria sind die Könige noch einmal dargestellt, wie sie geleitet von einem Engel, den Heimweg antreten. Zweifelhaft ist es, wo der König David sich befunden hat. In den Beschreibungen des 17. und 18. Jahrhunderts drücken sich die Autoren so widersprechend aus, daß aus ihnen nichts gefolgert werden kann. *Heckler* (1660)[8] weist dem König David einen Platz bei den fortgehenden Königen an. *Behr* (1749)[9] sagt: „I n w e n d i g z w i s c h e n d e n T h ü r e n, o b e n a u f f w i r d g e s e h e n d e r K ö n i g D a v i d m i t d e r H a r p f f e n; d a r n e b e n s t e h e n a b e r m a h l d i e d r e i K ö n i g e, s o d e m K i n d J e s u i h r e G a b e n d a r r e i c h e n;" etc. *Schweighäuser* (1780)[10]: „E n e n t r a n t d a n s l e v e s t i b u l e o n v o i t a u d e s s u s d e l a s e c o n d e p o r t e d'u n c ô t é l e r o i D a v i d a v e c s a h a r p e e t e n c o r e l e s M a g e s o f f r a n t l e u r p r é s e n t s à l'e n f a n t J e s u s; d e l'a u t r e l e d é p a r t d e s M a g e s" und *Grandidier* (1782)[11] „. . . . o n v o i t a u d e s s u s d'u n e s e c o n d e p o r t e d'e n t r é e d'u n c ô t é u n e s e c o n d e a d o r a t i o n d e s M a g e s e t d e l'a u t r e l e u r d é p a r t. P r è s d e c e t t e a d o r a t i o n e s t p l a c é l e r o i D a v i d j o u a n t d e l a h a r p e".

Drei der Beschreiber weisen also König David einen Platz zur Rechten der Maria an, und nur *Heckler* spricht von ihm, als auf der linken Seite befindlich. Es ist anzunehmen, daß die ersteren im Rechte sind, da die Symbolik des Mittelalters dieser alttestamentlichen Figur einen Platz bei der Anbetung der Könige einräumt, und es ist kein Grund vorhanden, weshalb der Künstler in diesem Falle von der Tradition hätte abgehen sollen. Aus den

Umrissen ist nichts zu entnehmen, es scheint daher, daß David in nächster Nähe des Thrones war und durch dessen Konturen verdeckt worden ist.

Nach der Bauzeit und in Hinblick auf die altertümliche Komposition wird als Entstehungszeit das Ende des 12. Jahrhunderts anzusetzen sein. Um den Halbbogen des Reliefs befindet sich folgende Inschrift:

> Suscipe trine Deus que fert tua dona Sabeus,
> Hec tibi qui dederit dona beatus erit.
> Auro donantis virtus que probatur amantis,
> In mirra bona spes, thure beata fides.[12]

Die Skulpturen am und im südlichen Querhaus.

Wir wenden uns jetzt zu einer Gruppe von Skulpturen, welche sowohl wegen ihrer stilistischen Eigentümlichkeiten, wie wegen des sagenhaften Ursprungs des einen Teils des Figurenschmuckes, am häufigsten und am eingehendsten Erwähnung gefunden hat. Es sind die am Südportal befindlichen Statuen und Reliefs, sowie der sogenannte Engelspfeiler im Innern des südlichen Querhauses. Die Anordnung der Figuren und Reliefs an dem doppeltürigen Portal[13] war folgende. In den beiden Bogenfeldern über den Türen waren zwei Reliefs, der Tod der Maria und ihre Krönung, unter diesen waren als Türsturz in rechtwinkligen Feldern das Begräbnis der Maria und ihre Himmelfahrt angebracht. In den vier Türschrägen des Doppelportals standen je drei Apostel, und an der äußersten linken und rechten Seite des Portals sind die beiden Gestalten der Ecclesia und Synagoge aufgestellt. Daß der vor der Scheidewand der beiden Türen auf dem Throne sitzende Salomo sich auch schon im 13. Jahrhundert dort befunden hat, ist zwar wahrscheinlich, aber nicht sicher erwiesen. Innerhalb dieser Figurengruppe sind nun zwei

Stilrichtungen deutlich zu erkennen, die eine noch im engeren Anschluß an die Antike, die andere, selbständig vorgehend, schafft ihre Gestalten nach einem völlig neuen Kanon. Trotzdem stehen sich, was die Gewandbehandlung angeht, sowie die Darstellung des Gemütsausdrucks, beide Gruppen näher, als es auf den ersten Blick den Anschein hat. Die beiden allein noch erhaltenen Werke jener älteren Richtung sind die Reliefs: der Tod der Maria und die Krönung der Maria durch Christus. Es ist besonders das erstere welches von jeher viel bewundert worden ist [14].

Die Mutter Gottes liegt in ihr Totengewand, ein weites faltenreiches Tuch aus dünnem Stoff, eingehüllt, auf ihrem Lager. Vor dem Bette sitzt auf dem Boden eine weibliche Gestalt, welche ihr Anblick zur Maria erhebt und trauernd die Hände ringt. Es ist die schönste Figur der Darstellung. Ihre völlig proportionierte Gestalt, die Sicherheit, mit welcher der Künstler das schwierige Problem, ein Weib halb hockend, halb sitzend darzustellen, gelöst hat — unter dem Knie des leicht gebogenen, linken Beins wird die Fußsohle des hart an den Körper herangezogenen, rechten Fußes sichtbar — und nicht zum wenigsten die Gewandbehandlung weisen auf eine Technik hin, welche sich an alten Vorbildern geschult haben muß. Zu Häupten und zu Füßen des Bettes stehen je ein Apostel, nämlich oben Petrus und unten Paulus, sorgsam die Tote an Schultern und Füßen fassend. Hinter dem Lager der Verstorbenen, in der Mitte des Halbrundes steht Christus die Seele der Maria in Gestalt eines, in ein langes Gewand gekleideten, betenden Kindes auf der linken Hand haltend, die Rechte zum Segen erhoben. Sein Anblick ist trauernd zur Toten hingewandt. Die neben und hinter ihm stehenden Apostel sind durch die Raumverhältnisse etwas behindert, der Ausdruck ihres Schmerzes wird durch eine starke, seitliche Neigung des Kopfes, sowie bei Johannes und zwei andern Aposteln, durch das alte Motiv, des an die Wange Legens der Hand ausgedrückt. Ganz vorne vor dem Bett der Maria lagen zwei Weihrauchfässer auf dem Boden. Durch ein während der Revolution vorgesetztes Brett sind sie teilweise zerstört worden.

Von demselben Charakter, aber weniger anziehend, ist das zweite Relief, die Krönung der Maria. Es zeigt Christus als König, wie er der ihm zur Linken sitzenden Maria die Krone aufs Haupt setzt. Links und rechts stehen zwei Engel mit Weihrauchgefäßen.

Für die unter den beiden Halbbögen befindlichen Reliefs muß man sich auf den Stich des J. Brunn verlassen. Unter der dormitio war das Begräbnis der Maria. Die mit einem langen Tuch bedeckte Bahre wird von zwei Aposteln, nach der Legende Paulus und Petrus, getragen, ein Apostel geht voran. Aus der Randliste beugen sich die Oberkörper zweier Engel hervor, welche die Leiche zu segnen scheinen.

Unter der Krönung war die Himmelfahrt der Maria. Es existieren für dies Relief zwei Abbildungen. Die eine findet sich, wie schon erwähnt, bei Schadaeus. Nach dieser halten zwei Engel das Sterbetuch der Maria, aus welchem sie, völlig unbekleidet, emporschwebt. In der Linken hält Maria den Gürtel, welchen sie auf Erden als Geschenk für den Apostel Thomas zurückläßt. Von beiden Seiten schweben Gewänder bringende Engel heran. Die andere Abbildung gibt Rohault de Fleury[15]. Es ist eine flüchtige Skizze ohne Angabe, wonach sie angefertigt ist. Jedoch ist von Wichtigkeit, daß Maria hier bekleidet dargestellt wird. Trotz der großen Autorität, welche der im Uebrigen getreue Stich des Schadaeus besitzt, ist doch anzunehmen, daß hier Rohault de Fleurys Zeichnung das Relief getreuer wiedergibt. Denn die Nacktheit der Madonna bei der Himmelfahrt findet sich nur zur Zeit der Renaissance[16] und ist auch dort nicht unbestritten. Im XIII. Jahrhundert aber, als selbst die Seelen, entgegen der späteren Gepflogenheit, bekleidet dargestellt werden, wird eine noch viel größere Scheu vor einer derartigen Darstellung der Maria geherrscht haben. Ein weiterer Beleg findet sich auch in den Marienleben[17] des XII. und XIII. Jahrhunderts. Dort wird erzählt, wie bei dem Waschen und Bekleiden des Leichnams der Maria ein solch starker Glanz von ihr ausging, daß die Frauen die Waschungen wohl vornehmen, von dem geheiligten Körper der Muttergottes aber nichts wahrnehmen konnten.

Die zwölf Apostel waren auf das Doppelportal so verteilt, daß zu jeder Seite der beiden Türen drei standen. Ihre Nimben waren an der Mauer befestigt. In den Händen trugen sie große Evangelienbücher, nur Petrus, welcher zunächst dem Eingang an der linken Seite der rechten Tür stand, war durch seinen gewaltigen Schlüssel gekennzeichnet. Neben ihm stand der Apostel Johannes, welcher ein Spruchband trug mit der Inschrift:

GRA
DIVI
NAE . PIE
TATIS
ADES
TO . SA
VINÆ
DE / PE
TRAD
VRA
PQVA
SV . FA
CTAFI
GVRA

Diese Verse in Verbindung mit einer Notiz in den Kollektaneen *Specklins*[18] (Reuß 1096) gaben den Anlaß zu der Sage über Sabina von Steinbachs Tätigkeit als Bildhauerin, verstärkt wurde dieser Mythus noch durch Schilters falsche Uebersetzung von „de petradura", welches er in „von Steinbach" verdeutschte, ein Irrtum, der sich lange Zeit aufrecht hielt, bis Schneegans[19] zuerst die Unrichtigkeit nachwies.

Für die Beschreibung des Königs Salomo ist wiederum nur der Brunn'sche Stich zu Rate zu ziehen. Dieser zeigt ihn in sitzender Stellung, sein Schwert, dessen Griff der König mit der Rechten faßt, liegt auf seinen Knieen, er wird getragen von einem Säulenpostament, dessen skulpiertes Kapitäl einen nackten Knaben[20] zeigt, von dessen Hals ein Tuch herunterhängt. Ueber dem Haupt Salomos wird die Halbfigur Christi sichtbar, der in der linken Hand die Erdkugel trägt, die rechte ist segnend erhoben. Ueber Christus ist ein mit Zinnen und Türmen versehener Baldachin angebracht, an dessen rechten Seite die Halbfigur eines Engels sichtbar wird, welcher seine Hände über das Haupt Christi breitet.

Zur Rechten und Linken Salomos an den beiden, äußersten

Seiten des Doppelportals stehen die Gestalten des Christentums und Judentums, ebenso wie König Salomo, auf Säulenpostamenten mit skulpierten Kapitälen, und zwar zeigt dasjenige des Christentums eine nackte, hockende Gestalt, dasjenige des Judentums zwei sich balgende Kinder oder Genien. Beide Frauengestalten, die Ecclesia wie die Synagoge zeigen einen langen, schlanken Wuchs und sind in zarte Gewänder gekleidet, welche die Glieder des Körpers durchscheinen lassen. Die Ecclesia trägt um ihre Schultern einen Mantel, der am Halse mit einer reichen Agraffe geschlossen ist. Mit der Rechten stützt sie sich auf ein langes Kreuz, in der Linken trägt sie den Kelch. Ihr Untergewand ist gegürtet. Von ihrem gekrönten Haupt fließen die Locken auf die Schultern herab, ihr Antlitz ist nach links zu der Synagoge gewendet. Diese, an Größe und Wuchs dem Christentum gleichend und mit einem ebensolchen Untergewand, wie diese, bekleidet, steht da mit gesenktem Antlitz, die Augen sind durch eine Binde verhüllt, die Lanze, welche sie in der Rechten hält, ist zerbrochen, die Krone ist ihr vom Haupte gefallen, und ihr schlaff herunterhängender, linker Arm hält kaum noch die Tafel des Gesetzes. Ueber jeder der beiden Gestalten ist ein Baldachin angebracht, unter welchem auf der Seite des Christentums steht:

„Mit Christi Blut überwind Ich dich."

und beim Judentum:

„Dasselbig Blut, das blindet mich."[21]

So stehen die beiden Gestalten da, zwei Königinnen, die eine, als Siegerin, triumphierend, die andere besiegt und gedemütigt.

Das Größte ist hier von dem Künstler erreicht worden in der Darstellung der Affekte auf dem Antlitz des[22] Christentums. Stolz, Mitleid und Entsetzen sind mit einer so geringen Zahl von Mitteln zum Ausdruck gebracht worden, wie es in ähnlicher Weise wohl nur bei antiken Statuen erreicht worden ist. Während Hals und Kopf der Ecclesia stark nach links gewandt sind, wie um die Gegnerin zu erspähen, folgt der Körper dieser Bewegung nicht, vielmehr wird durch das Stützen auf den Schaft der Lanze der Schwerpunkt des Körpers nach rechts verlegt, so daß beide Bewegungen sich gleichsam aufheben und parallelisieren, ein Umstand, der zu dem Eindruck der Ruhe, den diese Statue auf den Beschauer macht, wesentlich beiträgt. Zugleich wird durch das Zurückweichen des Körpers nach rechts das Bestreben charakterisiert, jede Nähe und Gemeinschaft mit der Synagoge möglichst zu meiden, und hierzu kommt noch der symbolische Zug, daß es gerade der Schaft des Kreuzes ist, auf welchen sich die Ecclesia stützt.

Zur Gestaltung des Gesichtsausdruckes hat der Künstler nur zwei Mittel angewandt. Das eine sind zwei kleine Falten, die dicht unter den Augen zu beiden Seiten der Nase beginnen und in schräger Richtung nach unten verlaufen. Sie verstärken wesentlich die Intensität des Blicks und geben ihm zugleich etwas Hartes und Durchbohrendes, was besonders bemerkbar wird, wenn man in der Nähe der Synagoge seinen Standpunkt wählt. Das andere Mittel besteht in der Art, wie der Mund gebildet ist. Er ist leicht geöffnet und, während die Oberlippe etwas gewölbt ist, bildet die Unterlippe eine beinahe völlig gerade Linie. Wenn so die obere Partie des Mundes den Eindruck des Weichen und Gütigen macht, so verschwindet dieser Zug im Untergesicht völlig, und dadurch, daß der Mund nicht geschlossen ist, wird wiederum die Energie des Blickes erhöht.

Der trauernde Ausdruck der Synagoge ist mit wesentlich einfacheren Mitteln erreicht. Schon die Verhüllung der Augen durch die Binde entzieht den wichtigsten Teil des Antlitzes einer eingehenden Bearbeitung. Der fest geschlossene Mund und das zu Boden gesenkte Haupt sind hier die Mittel, die der Künstler zur Erreichung seines Zweckes benutzt hat.

Die Engelssäule.

Die Skulpturen der Postamente, wie sie der Stich bei Schadaeus zeigt, sind jedenfalls aus einer späteren Zeit. Hingegen gehören zu dieser Stilrichtung die Skulpturen im Innern des Münsters, an der sogenannten Engelssäule.

Es sind zwölf Statuen, die in drei Reihen übereinander, jede zu vier Figuren, an dieser schon dem gotischen Stil angehörigen Säule angebracht sind. Zu unterst stehen die vier Evangelisten auf Postamenten, welche die Evangelistensymbole, den Engel, den Löwen, den Stier und den Adler zeigen. Ueber diesen sind vier

Posaunen haltende Engel und endlich in der dritten Reihe wiederum drei Engel, Christus als Weltrichter und unter ihm eine kleine Gruppe von Auferstehenden. Das Ganze ist eine Darstellung des Jüngsten Gerichts in abgekürzter Form. Die Figuren zeigen deutliche Spuren von Bemalung. Die Flügel der Engel sind ganz schematisch gebildet und ohne Andeutung von Federn. An Schönheit der Gewandbehandlung stehen diese Werke den Portalskulpturen keineswegs nach. Jedoch herrscht hier eine gewisse Unruhe in den Bewegungen, welche sich selbst in den Evangelistensymbolen, so z. B. in dem weit ausschreitenden Engel des Matthäus bemerkbar macht, und die nicht im Einklang steht mit den ganz ruhig gebildeten Gesichtern. Dieser Kontrast mag dazu beigetragen haben, daß öfters den Figuren inbezug des Ausdrucks der Köpfe der Vorwurf des Befangenen gemacht worden ist, und da auch die Armbewegungen der Posaunen blasenden Engel nicht immer in Einklang stehen, mit der Art ihrer Beschäftigung, so hat alles dies dazu beigetragen, daß die Schönheit der drei obersten, die Passionswerkzeuge tragenden Engel unbeachtet blieb. Gleichwohl darf der das Kreuz tragende Engel, sowie derjenige mit der Dornenkrone gewiß zu den schönsten Gestalten dieser Periode gerechnet werden. Daß der Unterkörper wenig zur Geltung gebracht wird, ist nicht der mangelhaften Technik zuzuschreiben, sondern wohl mehr dem Bestreben, die Figuren möglichst der Architektur anzupassen, was besonders bei der schon in beträchtlicher Höhe befindlichen dritten Reihe beobachtet werden kann. Aus demselben Bestreben möchte ich die Art der Aufstellung der Evangelisten erklären, die nicht frei vor der Säule stehen, sondern sich, dieser eng anschmiegend, in leiser Bewegung um die Säule herum zu gleiten scheinen.

Endlich sind den eben beschriebenen Skulpturengruppen noch zwei andere Statuen hinzuzurechnen, nämlich der Mann mit der Sonnenuhr und eine gekrönte, weibliche Gestalt. Ersterer ist in einer Nische auf der Strebemauer des südlichen Querhauses aufgestellt, eine Figur, deren kräftig entwickelter Kopf an die Reliefe des Doppelportals erinnert, während sie, in der Haltung ihres Körpers, dem jüngeren Typus näher steht. Bei ihr ist schon auf den hohen Standort Rücksicht genommen und der Kopf stark nach vorn geneigt, was indessen, von unten gesehen, nicht bemerkbar ist. Es wird hierdurch vermieden, daß, wie es bei zahlreichen neueren Statuen der Fall ist, der Kopf in die Schultern zu versinken scheint.

Die weibliche Gestalt befand sich ehemals in einer Nische an der Ostseite des dritten Stockwerks des Südturms und wird jetzt im Museum des Frauenhauses aufbewahrt. Im Faltenwurf des Gewandes sowie in der Behandlung des Antlitzes ähnelt sie so sehr der „Ecclesia", daß man fast vermuten könnte, es läge hier eine Kopie dieser Statue vor. Allein zu welcher Zeit sollte sie ausgeführt sein? Von den vorhandenen, späteren Skulpturen weist keine auf einen Bildhauer hin, welcher das Können oder auch nur den Willen gehabt hätte, jenen älteren Stil nachzuahmen. Der Standort allein zwingt nicht zu der Annahme, daß die Figur einer späteren Zeit angehören müsse, da gerade am Turm, wie weiterhin noch erörtert werden wird, sich Statuen befinden, welche von anderen Bauteilen dorthin versetzt worden sind.

Um noch einmal die am und im südlichen Querhaus stehenden Werke und die dieser Richtung zugeschriebenen Figuren zusammenzufassen, so gehören mit Sicherheit einem älteren Stil an:

1. Der Tod der Maria.
2. Die Krönung der Maria.
3. (Die zwölf Apostel.) Der Brunn'sche Stich zeigt sie mit Evangelienbüchern in den Händen und mit Nimben, die aus dem Stein der Nischen herausgehauen waren. Falls die Abbildung getreu, so können sie hieraufhin vielleicht der älteren Richtung zugeschrieben werden.

Die Werke des neueren Stils sind:

1. Der Engelspfeiler.
2. Die Ecclesia und Synagoge.
3. Die weibliche Figur mit dem Spruchband.

Zwischen beiden Richtungen steht der Mann mit der Sonnenuhr. Gänzlich aus der stilistischen Betrachtung auszuscheiden sind wegen der ungenügenden Abbildung die Reliefs:

1. Das Begräbnis der Maria.
2. Die Himmelfahrt der Maria.
3. Der thronende Salomo.

Für die Entstehungszeit der Skulpturen sind zwei Berechnungsweisen möglich. Nach der einen kann man von einem Nacheinander der Entstehung sprechen, indem man nämlich annimmt, daß auf die erste Stilrichtung (Tod der Maria, Krönung der Maria, die zwölf Apostel) eine zweite folgte, die ihren Höhepunkt in der Ecclesia und Synagoge hatte. Nun ist aber die Zeit der Erbauung des Querhauses nicht weiter auszudehnen als von 1176 bis höchstens 1250. Da jedoch die Reliefs erst nach Fertigstellung der entsprechenden Architekturteile begonnen werden konnten, so ist der Zeitraum, innerhalb dessen die Vollendung der Skulpturen bewerkstelligt werden konnte, ein ganz geringer. Es hätte in diesem kurzen Zeitraum ein in seiner höchsten Blüte stehender Stil absterben, ein neuer sich entwickeln und auch wieder zu größter Vollkommenheit gelangen müssen. Bedenkt man nun aber, daß dieser neue Stil doch allerlei Gemeinsames mit dem älteren hat, so die Feinheit der Gewandbehandlung, die Neigung, einzelne Körperformen durch das Gewand hindurchschimmern zu lassen und endlich die große Ruhe im Ausdruck des Antlitzes, so scheint es doch ratlicher hier ein Nebeneinander als ein Nacheinander anzunehmen, wenigstens ein Nebeneinander in dem Sinne, daß vielleicht Arbeiter aus anderen Werkstätten einen neuen Kanon für die Proportionen des Körpers mitbrachten, der infolge seiner Anpassungsfähigkeit an die Architektur schnell zur Herrschaft kam, und auf welchen die noch in Uebung stehende vollendete Technik der alten Schule übertragen wurde. Woher dieser neue Stil kam, das ist noch nicht zu ermitteln gewesen, jedenfalls entbehrt die Bezeichnung „germanische Kunstrichtung"[23] der Begründung.

Skulpturen am Langhaus und Vierungsturm.

1298 zerstörte ein Brand den größten Teil des Langhauses des Münsters, nur die beiden östlichsten Strebepfeiler blieben auf der Süd- und Nordseite erhalten. Diese sind mit Nischen gekrönt, welche noch heute alte Figuren bewahren. Es sind im ganzen acht Gestalten, vier an der Nordseite, der heilige Michael und drei Apostel und vier an der Südseite, die heilige Margarethe mit Kreuz, Palme und den Drachen und drei Mäuner, anscheinend alttestamentliche Gestalten. Sie sind bärtig, und in lange Gewänder gekleidet. Der eine hat einen Krückstock in der Hand, der zweite hält, wie zählend, seine Finger aneinander und der dritte ist ein Priester mit einem Weihrauchgefäß. Obwohl sie Werkstattsarbeit zu sein scheinen, zeigt sich doch in der vortrefflichen Behandlung des Faltenwurfs und des Gewandes das Fortleben jener ausgebildeten Technik der früheren Skulpturen. Die jüngste dieser Statuen ist wohl der heilige Michael, der stark ausgebogene Körper, sowie das schon etwas manieriert lächelnde Antlitz weisen ihn einer vorgerückteren Zeit zu.

Wesentlich plumper und grober gearbeitet sind die Gestalten dreier Stadtwächter, die sich auf Pyramiden vor den Nischen befanden, und deren drei jetzt im Museum des Frauenhauses aufgestellt sind. Der eine stammt von der Nord-, zwei andere von der Südseite.

Ferner gehören hierzu zwei von Schneegans geschenkte Statuen, die seiner Aussage nach am Vierungsturm aufgestellt waren. Es sind derbe, ungeschlachtene Gesellen, sie tragen große Lärmhörner, Waffen und andere Gerätschaften und sollen vielleicht Turmwächter oder Bauaufseher vorstellen. Trotz ihrer geringen Ausführung nehmen sie doch einen bemerkenswerten Platz unter dem figürlichen Schmuck des Münsters ein, da in ihren Köpfen das Bestreben zum Ausdruck kommt, porträtähnliche Darstellungen zu schaffen.

Die Skulpturen der Westfassade und des Lettners.

Im Jahre 1273 begann der Bau der Westfassade. 1291 wurden nach Specklin die vier Reiterbilder in den Nischen des ersten Stockwerks angebracht und 1316 war laut Inschrift die Marienkapelle vollendet worden. 1318 starb Erwin. Der Lettner wird von Adler und Kraus ebenfalls der Zeit Erwins zugeschrieben, während Woltmann ihn in eine frühere Zeit setzt. Der Stil der noch vorhandenen Statuen des Lettners beweist, daß diese Skulpturen spätestens gleichzeitig mit den ältesten Skulpturen der Westfassade entstanden sind.

(Im Folgenden wird, wegen der Uebersichtlichkeit, der gesamte figürliche Schmuck des Westportals zusammenhängend behandelt werden, obwohl eine Reihe von Statuen jüngeren Ursprungs ist.)

Ein allmählich sich vollziehender Stilwechsel tritt im letzten Viertel des XIII. und in den ersten Dezennien des XIV. Jahrhunderts ein. Bei den Statuen des Lettners ist dies noch am wenigsten zu bemerken, stärker wird er bei den klugen und törichten Jungfrauen sichtbar und schon als Manier zeigt er sich bei einzelnen der Tugenden und Propheten des Hauptportals.

Seine Erklärung ist in dem eingetretenen Wechsel des Baustils zu suchen. Auf die einfachen, romanischen Formen des Querhauses war die reich belebte Gotik der Fassade und des Langhauses gefolgt. Durch das Vor- und Zurücktreten der einzelnen Bauteile, durch die Wimperge, Fialen und Nischen wird eine reichere Verteilung von Licht und Schatten bewirkt. Will nun die dienende Plastik ihrer vornehmsten Aufgabe folgen, ein Schmuck des Gebäudes zu sein, der Architektur sich unterzuordnen, so muß auch sie diesem Wechsel folgen, sie muß *malerisch* werden. Freilich die Mittel, welche in dieser Epoche ihr hierfür zu Gebote stehen, sind beschränkt. Es ist in der Hauptsache eine andere Behandlung des Faltenwurfs und des Gewandes.

War an den Statuen des südlichen Querhauses das Gewand eng anliegend und wie aus weichem, zartem Stoff gefertigt, der die Glieder des Körpers durchschimmern ließ, so scheint er jetzt derber und schwerer zu werden. Es entstehen Falten und Ausbuchtungen, die einen Abstand von 10—12 cm vom Körper haben und häufig noch eine Brechung erfahren. Die Oberfläche der Statue wird durch diese Hügel und Täler von Licht und Schatten belebt und steht so in Einklang mit ihrer architektonischen Umrahmung. Kommt hierzu noch die jetzt häufig werdende Ausbuchtung der Hüfte, so ist der Gegensatz zu der „statuarischen Ruhe" der älteren Skulpturen erreicht. Der Gewinn jedoch, den dieser Wechsel der Darstellung eingebracht hat, kommt nicht der Plastik, sondern in erster Linie der Architektur zugute. Denn von jenem leisen Durchblickenlassen der Gliedmaßen und von den intimen Beziehungen der Körperformen zum Gewande ist nichts mehr zu bemerken. Geradezu verhängnisvoll wird die Stilneuerung für die Bildhauerkunst, als diese die Gestalt weit umhüllenden Gewandmassen dazu führten, den menschlichen Körper und seine Proportionen zu vernachlässigen.

Auf die drei Portale, das große, mittlere und die beiden kleineren, seitlichen, verteilt sich eine ungemein große Zahl von Bildwerken, und trotz der beträchtlichen Verwüstungen zur Zeit der französischen Revolution findet sich hier noch eine stattliche Reihe alter Statuen.

Am Hauptportal war in folgender Weise der figurale Schmuck angeordnet. In der Mitte des Portals, auf dem Teilungspfeiler, zwischen den beiden Türflügeln, stand Maria mit dem Christuskind. Links und rechts von ihr sind auf Pfeilerpostamenten in den Seitennischen zwölf Propheten angebracht. Das Bogenfeld des Portals zeigt in Reliefstreifen Szenen aus der Passion Christi, vom Einzug in Jerusalem bis zur Himmelfahrt. Die fünf Bogenläufe waren angefüllt mit kleinen Gruppen und Einzelfiguren, darstellend die Wunder Christi, den Märtyrertod der Apostel, vorbildliche Szenen aus dem Alten Testament und schließlich die Werke der Schöpfung und die Schicksale des ersten Menschenpaares. Der sich über dem Portal erhebende Wimperg war der Glorifikation der Maria gewidmet.

Die Propheten in den Nischen des Hauptportals.

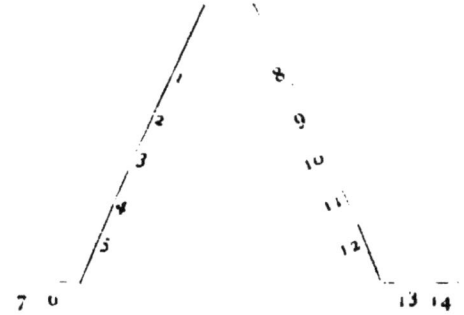

Von den jetzt vorhandenen vierzehn Figuren sind nur zwölf alt (Nr. 1—5, 7—12, 14). Nr. 7 u. 6 und 13 u. 14 stehen zu beiden Seiten außerhalb des Portals in Nischen, welche von Wimpergen gekrönt sind, auf deren höchster Spitze je ein Engel stand. Die Propheten sind größtenteils bärtige, alte Gestalten, und die eigentümliche Kopfbedeckung einiger mag zu dem Irrtum geführt haben, sie für Schriftgelehrte und Hohepriester zu halten, „die insonderheit an dem Tod Christi Ursach gewesen", eine Erklärung, die sich in den meisten, älteren Beschreibungen findet.

Nr. 1. Eine Sibylle.

Es ist eine noch jugendliche, asketische Gestalt, mit mäßig langem, gewellten Haupthaar, das die Ohren verdeckt. Sie trägt ein gegürtetes Gewand und einen Mantel, dessen langes Ende von der linken Körperseite nach vorne genommen und derart rechts am Gürtel befestigt ist, daß der mittlere Teil des Unterkörpers durch einen reich gefalteten Bausch verdeckt ist.

Nr. 2 zeigt die schmalschultrige Gestalt eines schon bejahrten Mannes. Er hat einen Mantel umgeworfen, dessen Ende über die linke Schulter gelegt ist, so daß er togaartig den Körper umhüllt, nur mit dem Unterschied, daß hier die linke Seite frei ist, während die rechte durch den Mantel bedeckt wird. Nun entstand für den Künstler eine Schwierigkeit dadurch, daß er der Gestalt eine Schriftrolle gab, die von beiden Händen gehalten werden sollte. Infolgedessen ist die rechte Schulter, um den Arm aus dem Mantel zu befreien, etwas heraufgezogen und der Unterarm an den Oberarm gebogen, daß das Handgelenk fast die Schulter berührt. Jetzt ist die Hand glücklich so weit herausgezwängt, daß sie das eine Ende der Schriftrolle, in welcher der Prophet zu lesen scheint, fassen kann, während das untere Ende des Bandes in der bis zur Höhe der Hüfte erhobenen Linken ruht. So gequält auch die Stellung erscheinen mag, diese Art der Darstellung zeigt doch ein selbständiges Vorgehen, um sich von dem Zwang der traditionellen Vorbilder zu befreien, oder sie den neuen Zielen unterzuordnen und anzupassen.

Das Antlitz des Propheten ist bärtig. Das gelockte Haupthaar deckt ein Barett, unter welchem ein kleiner Haarbüschel in der Mitte der Stirn hervorquillt[11]. Die Form des Kopfes ist schmal und langgestreckt, der wenig geöffnete Mund läßt die Zähne sehen.

Von der Oberlippe bis zur Nasenwurzel weicht die Gesichtslinie etwas zurück, so daß eine, das Haupt in dieser Richtung umschreibende Linie ein eingedrücktes Oval bilden würde. Die Hände sind wohlproportioniert und lassen die Adern deutlich erkennen.

Nr. 3. Eine Figur im Zeitkostüm.

Es ist eine jugendliche Gestalt, die mit einem langen, schlicht herabfallenden Mantel bekleidet ist, der am Hals zwei kleine, an den Spitzen mit je einem Knopf versehene Aufschläge hat, und dessen weite Aermel nur die Hände sichtbar werden lassen. Der Prophet trägt zwei Rollen, eine in der herunterhängenden Rechten, die andere in der bis zur Brusthöhe erhobenen Linken. Das jugendliche, bartlose, knochige Gesicht ist von reichem Lockenschmuck umgeben, der von allen Seiten unter der faltigen Mütze hervorquillt. Der Gesichtsausdruck ist bestimmt, und der energische Ausdruck wird noch verstärkt durch die gerunzelten Brauen, ein Zug, der sich sonst an jugendlichen Idealgestalten der Gotik nicht findet. Dies sowie das Zeitgewand lassen mit Sicherheit vermuten, daß hier eine Porträtdarstellung gewollt sei.

Wer aber diese Gestalt ist, darüber läßt sich nichts Sicheres sagen. Ansprechend ist eine populäre Ueberlieferung, nach der hier die Gestalt Erwins von Steinbach der Nachwelt überliefert sei.

Nr. 4. Ein alter Prophet.

Bei dieser Figur fällt jene oben erwähnte Art der Gewandbehandlung auf, die hier besonders stark ausgebildet ist.

Die Armhaltung und Anordnung des Gewandes ist, abgesehen davon daß der Mantel als Kopfbedeckung dient, ähnlich wie bei Nr. 2. Das Haupt, dessen vordere Hälfte kahl ist, mit Ausnahme eines einsamen, mitten über der Stirn sitzenden Büschelchens Haar ist nach rechts dem Anfang der Schriftrolle zugewandt und nach vorne geneigt, als suche der Prophet mit großem Eifer das Geschriebene zu entziffern. Die linke Schläfe läßt, ebenso wie die Hände, stark hervortretende Adern sehen.

Nr. 5. Ein alter Prophet.

Die scharf charakterisierte Gestalt wird von einem weiten Mantel umhüllt, welcher sich hinter dem Kopf des Alten so stark emporbauscht, daß er fast die Höhe des Hauptes erreicht. Der über die rechte Schulter, nach vorn geworfene Teil des Mantels, ist unter dem eng anliegenden, linken Arm nach hinten durchgezogen. Unter dem fünfzipfeligen Barett drängt sich in kleinen schneckenförmigen Locken das Haar hervor, und ein ebenso gelockter, stark nach vorn stehender Bart deckt das Untergesicht. Das Auge ist nicht auf die, in der erhobenen Linken gehaltene, Schriftrolle gerichtet, sondern sieht unter den stark gerunzelten Brauen hervor. Die Nase ist kräftig entwickelt, und ragt weit aus dem Gesicht heraus, die Länge der Scheidewand zwischen den beiden Naslöchern beträgt bei der ca. 2 Meter großen Figur 6 cm.

Der Faltenwurf zeigt die geschilderten Eigentümlichkeiten in hohem Grade. Der Körper ist in den Hüften leise ausgebogen. Die Figur macht den Eindruck als ob der Verfertiger beabsichtigt habe, in dieser Gestalt gewisse semitische Rasseeigentümlichkeiten besonders stark zum Ausdruck zu bringen.

Nr. 7. Alter Prophet.

Eine Mantelfigur. Die aus der Umhüllung sichtbar werdende Linke weist mit dem Zeigefinger nach oben. Die Falten der Gewandung sind zart und fein behandelt. Es findet sich hier eine von den seltenen Horizontalfalten. Sie ist entstanden durch einen straff gezogenen Teil der Gewandung und geht vom linken Ellbogen zur rechten Hand hinüber. Der tief in den Mantel gehüllte Kopf ist bärtig und der etwas geöffnete Mund läßt die Zähne sichtbar werden.

Nr. 8. Ein königlicher Prophet.

Ein schmaler, mit Edelsteinen besetzter Reif krönt das lockige Haupt dieses als König gekennzeichneten Propheten. Der reich gefaltete Mantel hindert die freie Bewegung der Arme nicht. Der gut geformte Kopf ist mit einem gelockten, kurz gehaltenen Bart umgeben. Der Mund läßt die Zähne sichtbar werden.

Nr. 9. Alter Prophet.

Eine Mantelfigur mit starker Ausbuchtung der Falten. Beide Hände, die unter dem weiten Gewand kaum sichtbar werden, tragen Schriftrollen. Die Linke ist bis zur Höhe der Hüfte erhoben. Durch den zu weit geöffneten Mund erhält das Antlitz eine Mischung von Ausdruckslosigkeit und körperlichen Verfall.

Nr. 10. Alter Prophet.

Dieselbe Gewandbehandlung wie bei Nr. 2, 5 und 9. Die linke Hand hat den Sinus etwas gelockert und streckt sich aus der Oeffnung hervor. Die herunterhängende Rechte hält eine Bandrolle. Den Kopf bedeckt eine mit flachen Dillen versehene Mütze, unter welcher sich das starke, gelockte Haupthaar hervordrängt. Der ebenfalls lockige Bart ist vierzipfelig.

Nr. 11. Alter Prophet.

Diese Gestalt zeichnet sich durch die Gewandung vor den andern Figuren aus. Sie trägt einen Mantel, der durch eine Schnur an der linken Schulter zusammengehalten wird; er umhüllt die Gestalt bis zu den Füßen, jedoch hält die linke, unter dem Mantel verborgene Hand ihn so zurück, daß das gegürtete Untergewand sichtbar wird. Die erhobene Rechte hält eine Schriftrolle. Das gelockte Haupthaar hält eine Binde zusammen, deren mit Fransen versehenen Enden auf die Schultern fallen. Der Bart ist vierzipfelig und gelockt, die Zähne werden sichtbar.

Nr. 12. Ein Priester und Prophet.

Ein Hoherpriester, kenntlich durch seine Kopfbedeckung, hält buchartig in beiden Händen die Schriftrolle, in welcher er emsig liest. Die sehr komplizierte und nicht ganz klare Gewandung hemmt ihn nicht in dem Gebrauch seiner Arme. Der Bart ist insofern verschieden von dem der andern Propheten, daß er in zwei sanft gewellten Strähnen verläuft.

Nr. 13. Jugendlicher Prophet.

Ein durch eine große Agraffe zusammengehaltener Mantel umhüllt Schultern und Arme des Jünglings. Ein lederner Gürtel hält das Untergewand zusammen. Das Antlitz ist bartlos, die Augenbrauen sind hochgeschwungen, die Stirn ist glatt, die

Wangen mager. Das Haar ist in zierliche, schneckenförmige Locken geordnet. Die Haltung des Propheten ist, vielleicht durch unrichtige Aufstellung, etwas nach vorne gebeugt.

Wenn über den Ausdruck des Antlitzes wenig gesagt worden ist, so geschah es, weil er im allgemeinen bei den älteren Propheten sich immer wiederholt. Das tiefe Sinnen und Forschen über die heiligen Worte und Prophezeihungen, die sich auf den Bandrollen geschrieben finden, darzustellen, ist offenbar das Ziel gewesen, welches der oder die Verfertiger der Statuen sich gesetzt hatten. Die Körperhaltung, die Neigung des Kopfes und die Richtung des Auges sind im wesentlichen die zur Verkörperung dieses geistigen Vorganges angewandten Mittel. Unterstützt wird sie noch durch die gefurchte Stirn, deren Falten bei einigen Statuen symmetrisch dargestellt werden.

Die Gruppen in den fünf Bogenläufen sind bis auf wenige Ueberbleibsel im Museum des Frauenhauses zur Zeit der Revolution zerstört worden. Die Abbildungen geben sie nur undeutlich wieder. Es soll daher die Schilderung *Behrs*[35] hier ihren Platz finden.

„Das Gestell hat in dem Perspectiv oder Vorschein rings herum fünff Ordnungen der Bilder.

Die äußerste Ordnung erinnert uns was zu lesen in dem I. Buch Mosis am I. Cap. Nemlich:

1. Gott der Vatter erschaffet die Welt.
2. Der Geist Gottes schwebet über dem Wasser.
3. Sonn und Mond werden erschaffen.
4. Das Wasser wird von der Lufft abgetheilt.
5. Gott erschaffet das Firmament.
6. Die Fruchtbaren Bäume werden erschaffen.
7. Ferner die Fische und Vögel.
8. Gott erschaffet die übrigen Thiere.
9. Gott erschaffet Adam und Eva.
10. Gott verbietet ihnen die Früchte des Erkäntnuß Gutes und Böses von dem Baum.
11. Eva wird von den Schlangen versucht und verführet hierauf Adam.
12. Got rufft dem Adam herfür.

13. Adam und Eva werden aus dem Paradiß gejagt.
14. Cain und Abel werden gebohren.
15. Adam bauet die Erden, Eva aber spinnt.
16. Cain und Abel opffern.
17. Cain schlägt den Abel zu tod.
18. Cain wird flüchtig.

Hiernechst wird eine jede dieser Geschichten in einer besonderen Stellung der äußersten Ordnung vorgestellt, wie dann auch in den übrigen; Also ist in der zweyten Ordnung auch zu sehen.

1. Abraham kniend vor den Engeln und betet für die Sodomiter. (Gen. 18).
2. Abraham will seinen Sohn schlachten. (Gen. 22.)
3. Die Arche Noe. (Gen. 6.)
4. Cham spottet den Noe in seiner Trunkenheit. (Gen. 9.)
5. Jacob siehet die Engel im Traum die Leiter auf und absteigen. (Gen. 22.)
6. Der feurige Dornbusch. (Exod. 3.)
7. Die Aehrene Schlange. (Num. 21.)
8. Moyses schlägt auff den Felsen. (Exod. 17.)
9. Josua und Judas so nach Moysen das Volk Gottes geführet. (Jos. 1.)
10. Othoniel erster Richter. (Jud. 3.)
11. Elias giebt seinem Diener Eliser den Mantel. (2 Reg. 2.)
12. Jonas wird von dem Wallfisch auf das Land geworffen. (Jon. 2.)
13. Samson zerreißt den Löwen. (Jud. 4.)
14. Der König Ezechias bittet um die Gesundheit. (4 Reg. 20.)
15. Josua lasset einen großen Stein unter einen Eichbaum zu Sichem setzen. (Jos. 24.)
16. Der König Manasses bekehret sich.

In der dritten Ordnung sehen wir die Marter-Peinen der H. 12 Apostel, wie auch beyder Leviten, Stephani nemlich und Laurentii. Solches bestehet nun in 14 Stellungen.

Die Vierte Ordnung hat zwölf Bildnüsse, worunter die vier Evangelisten samt denen ersten Kirchenlehrern zu sehen.

Die Fünffte und innerste Ordnung hat zehn Stellungen so uns anzeigen die Wunderwercke Christi, wie Er die Krancken gesund, die Blinden sehend, die Aussätzigen rein, die Besessenen vom Teuffel frey gemacht, und die Todten zum Leben erwecket hat; wie in den vier Evangelisten, zu lesen."

Nach den im Frauenhaus befindlichen Trümmern zu urteilen, haben die Gruppen im ersten Bogenlauf eine Höhe von ca. 75—85 cm gehabt.

In dem Bogenfeld des Portals befinden sich 4 Reihen von Darstellungen, welche das Leben Christi vom Einzug in Jerusalem bis zur Himmelfahrt schildern. Es sind friesartige Streifen ohne Felderabteilung, so daß die Szenen formal ineinander fließen. In der untersten Reihe: (von der linken Seite anfangend):

1. Der Einzug in Jerusalem.

Vor dem auf einer Eselin reitenden Christus breitet eine Frau einen Teppich aus. Aus dem geöffneten, die Stadt Jerusalem andeutenden Tor kommen drei Männer Christus entgegen. Dicht vor dem Tor der Mann auf dem Feigenbaum. Hinter Christus werden ebenfalls drei Köpfe sichtbar.

Die Gestalten sind in dieser Szene, wie auch in den folgenden Darstellungen sehr zusammengedrängt.

2. Das Abendmahl.

Hinter einem langen, mit einem sauber gefalteten Leinentuch gedeckten Tisch, auf welchem Brote liegen, sowie Kelche und Krüge stehen, sind elf Apostel um Christus versammelt, der seine Linke auf die Schulter des sich ihm anschmiegenden, zu Boden gesunkenen Johannes legt. Ungefähr in der Mitte der Langseite des Tisches kniet Judas, die Hände sind, wie bittend, erhoben, der Kopf ragt kaum über die Tischkante hervor.

3. Die Gefangennehmung.

Christus empfängt von Judas den verräterischen Kuß, während ein Krieger ihn schon mit der Hand packt und am Gewand zerrt. Mit der noch freien Rechten berührt Christus das Ohr des am Boden kauernden Kalchas, hinter dem Petrus mit einem großen, entblößten Schwert in der Hand sichtbar wird. Im Hintergrund Köpfe von Kriegsknechten und Aposteln.

4. Christus vor Pilatus.

Ein Knecht mit einem negerartigen Antlitz hält Christus an der Hand und ist im Begriff, ihn mit der geballten Faust zu schlagen.

Pilatus, in einem langen Gewand, mit einem Barett auf dem Kopfe, ist sitzend dargestellt und erhebt, wie abwehrend, die Rechte; hinter ihm die Köpfe zweier Soldaten.

5. Die Geißelung.

Christus nur mit dem Lendentuch bekleidet, ist mit den Händen an eine dünne Säule gebunden. Zwei Knechte schlagen ihn mit Rute und Peitsche.

Der zweite Streifen stellt dar:

6. Die Dornenkrönung.

Christus, in der Hand ein Rohr haltend, steht zwischen einem stelzbeinigen Kriegsknecht und einem Juden, der mit einem langen Rock und der spitzen Judenmütze bekleidet ist. Beide haben den Dornenkranz erhoben und sind im Begriff ihn Christus auf das Haupt zu setzen. Diese Szene ist durch einen Baum geschieden von der folgenden.

7. Die Kreuztragung.

Christus hat das Kreuz, dessen Stamm noch am Boden lehnt, auf die linke Schulter gehoben. Ein Jude, in derselben

Kleidung, wie derjenige in der Dornenkrönung, zerrt am rechten Kreuzarm, den linken hält ein in einen langen, mit einer Kaputze versehenen Mantel gekleideter Mann, welcher dem Beschauer völlig den Rücken wendet. Eine weibliche Gestalt steht hinter dem längeren Kreuzarm, auf den sie ihre Hand, in der sie drei Nägel hält, legt.

8. Christus am Kreuze.

Der mit einem Lendentuch bekleidete Erlöser hängt am Kreuz, vor dem das Gerippe Adams liegt. Hinter dem Kreuz, an dessen Kopfende die Inschrift I. N. R. I. angebracht ist, stehen zur Rechten Christi die Ecclesia und Maria, zur Linken die Synagoge und Johannes. Das Christentum und Judentum sind in ganz ähnlicher Auffassung, wie die beiden Gestalten am Südportal dargestellt, nur mit dem Unterschied, daß in den Kelch der Ecclesia ein Blutstrahl aus der rechten Seitenwunde Christi fließt. Maria und Johannes weichen in nichts von dem herkömmlichen Typus ab. Maria hält die Hände gefaltet, Johannes hat in der Linken das ihm als Attribut zukommende Evangelienbuch, die Rechte ist an die Wange gelegt.

9. Die Abnahme vom Kreuz.

Maria hält den Kopf Christi, dessen linker Arm noch am Kreuz befestigt ist, und welchen Joseph von Arimathia im Begriff ist, mit einer großen Zange von dem Nagel zu befreien. Der Körper wird von Nikodemus gehalten.

10. Die Frauen am Grabe Christi.

Der mit Lilien ornamentierte Sarkophag ruht auf vier Säulchen, unter welchen drei Gewaffnete schlafen. Ein Engel sitzt auf dem Rand des Grabes und weist mit der Hand auf das leere Leichentuch. Die Frauen, Gefäße und Salbbüchsen in den Händen tragend, stehen hinter dem Sarkophag, die mittelste beugt sich weit vor, wie um sich von der Wahrheit des Geschehenen zu überzeugen. In der dritten Reihe befindet sich wieder von links beginnend:

11. Der Tod des Judas. (Zerstört.)

Der Verräter hängt an einem Baum, an welchem ein Bock emporspringt. Nach der sehr undeutlichen Abbildung zu schließen, kriecht aus dem geborstenen Leib des Judas eine Schlange mit einem menschlichen Kopf hervor.

12. Christus in der Vorhölle (Zerstört.)

Der Höllenrachen hat sich weit aufgetan, greuliche Teufel lagern vor seiner Mündung. Adam und Eva, gänzlich unbekleidet, werden von Christus, der mit einem langen Gewand bekleidet ist und ein Kreuz in seiner Linken hält, herausgeführt. Bei der Restaurierung der Gruppe ist ein Irrtum unterlaufen, dadurch, daß ein kleiner, krummbeiniger Teufel, welcher auf dem Gesäß seines auf dem Bauch liegenden Genossen steht, nicht als solcher erkannt ist. Statt dessen ist eine wohlgebildete, kleine, nackte Gestalt dargestellt, die ihre Hand auf den Kopf der Eva legt und ikonographisch ganz unerklärbar ist.

13. Christus erscheint der Maria Magdalena.

Magdalena kniet auf dem Boden und erhebt anbetend ihre Hände. Christus in derselben Gestalt, wie in der vorhergehenden Szene, steht vor ihr. Er hält mit der Rechten sein Gewand an sich und scheint das „noli me tangere" zu sprechen.

14. Der ungläubige Thomas.

In einem Haus, dessen Langseite durch zwei Pfosten mit einem schrägen Dach und Dachfenster angedeutet ist, steht Christus inmitten der erstaunten Apostel, welche von allen Seiten die unerwartete Erscheinung umringen. Christus schiebt mit der Linken sein Gewand zurück und führt mit der Rechten die Hand des ungläubigen Thomas an die offene Seitenwunde. Vor der Tür an der Schmalseite des Hauses sitzt ein großer, langohriger Hund.

In der vierten Reihe befindet sich nur eine Darstellung, nämlich:

15. Die Himmelfahrt Christi. (Zerstört.)

Christus steht in der Mitte, rechts von ihm Johannes, links Maria. Die übrigen Apostel knieen am Boden. Zwei Engel werden zu beiden Seiten des Emporschwebenden sichtbar.

Hiermit schließt der Zyklus der Darstellungen ab.

Die kleinen Ausbesserungen, welche auch die unteren Reihen erfahren haben, sind oft schwer zu erkennen. Zudem hindert die bedeutende Höhe die genaue Besichtigung der ca. 90 cm hohen Figuren sehr. Es ist eine einfache Erzählung der Passion. Szene reiht sich an Szene, und auf die Ausführlichkeit der Schilderung ist mehr Rücksicht genommen als auf eine symmetrische Anordnung; nur in den drei oberen Reihen nimmt Christus als Hauptperson stets die Mitte des Platzes ein.

Der Christustypus steht nicht sonderlich hoch. Das bärtige Antlitz ist ausdruckslos, sein Haupt ohne Nimbus. Besser ist dem Künstler die Darstellung der Handlung gelungen und zwar nicht nur das Schlagen und Stoßen der Kriegsknechte, der Lieblingsstoff mittelalterlicher Darstellungskunst, sondern auch schwierigere Aufgaben, so bei der Szene mit dem ungläubigen Thomas das neugierige Herandrängen der Apostel, bei der Kreuzabnahme das vorsichtige Herausziehen des Nagels, bei der Kreuztragung das mühsame Schleppen des wuchtigen Baumstammes.

Auch an prächtigen Einzelgestalten ist kein Mangel. Auf dem Gesicht des Pilatus, der abwehrend seine flache Hand emporhebt, ist deutlich die Abneigung ausgeprägt, sich mit dem „Fall" weiter zu beschäftigen.

Beim Abendmahl steht an der äußersten, linken Seite des Tisches ein betagter Apostel. Das Alter läßt ihn nicht mehr so recht sicher auf den Füßen stehen. Eben hat er die Worte Christi vernommen, da faltet er bekümmert die Hände über den Leib und zieht ratlos die Schultern hoch.

Auf die Galgenphysiognomien der Kriegsknechte besonders aufmerksam zu machen, ist wohl unnötig, nur auf den Kahlkopf des Kalchas und auf den stelzbeinigen Invaliden in der Dornenkrönung sei hingewiesen, besonders der erstere mit seinem großen Mund, der breiten Nase, den schief stehenden Augen und abstehenden Ohren, ist ein Muster von Häßlichkeit.

Doch auch weniger charakteristische Figuren sind dem Künstler gut gelungen, so namentlich die drei Frauen am Grabe, Maria bei der Kreuzabnahme und Maria und Johannes bei der Kreuzigung. Zu den scharf ausgeprägten Figuren der Männer stehen die ruhigen Gestalten der Frauen mit ihrer stillen Trauer in einem wirksamen Gegensatz.

Ueberschaut man diesen Zyklus noch einmal, so gewinnt man den Eindruck, daß der Künstler unter Festhalten an der traditionellen Schilderung der einzelnen Vorgänge sich nicht gescheut hat, manchen lebendigen Zug seiner eigenen Zeit zu entnehmen, und zwar hat er nicht unmittelbar aus der Wirklichkeit geschöpft, sondern ist durch die Darstellungen der Mysterien beeinflußt worden. Schon die Zusammenstellung der Szenen, welche von der Anordnung in den Evangelien abweicht, weist auf die Passionsspiele hin. Ferner erinnert das Haus, in dem sich die Szene mit dem ungläubigen Thomas abspielt, die Andeutung der Stadt Jerusalem durch das primitive Tor und schließlich der auf Säulen ruhende Sarkophag lebhaft an die Bühnenarchitektur. Auch die Einführung der Zeittracht und das Fortlassen des Nimbus wird in Zusammenhang mit dem geistlichen Schauspiel stehen.

An den, das Portal an beiden Seiten begrenzenden Pfeilern, waren Musikanten angebracht, links vier, rechts fünf.

Ueber dem Portal erhebt sich der mit skulpturalen Schmuck reich versehene Wimperg. Auf seinen Außenseiten standen in mäßigen Zwischenräumen auf jeder Seite vier Propheten mit Spruchbändern und ebenso ein solcher auf der höchsten Spitze. Der Innenraum zwischen den Seiten des Wimpergs und dem Spitzbogen des Portals war in folgender Weise ausgefüllt. Auf der Höhe des Spitzbogens thronte König Salomo unter einem Baldachin, über welchem sich ein zweiter Thron erhebt, auf dem, ebenfalls unter einem Baldachin, Maria, als Himmelskönigin, auf dem Schoß das Christuskind haltend, sich befindet und schließlich über dieser Darstellung, umgeben von Sternen und Wolken, das Antlitz Gottvaters. Seine linke Hand wird über dem Haupt des Christuskindes sichtbar.

Zu dem Thron Salomos führt von den beiden, unteren Seiten des Wimpergs eine Doppeltreppe, die je 7 Stufen hat, auf denen in verschiedenen Stellungen je 7 Löwen sitzen, und zwar sind immer zwei Löwen einander zugekehrt. Die beiden Löwen auf den obersten Stufen erheben sich auf die Hinterbeine und berühren mit ihren Tatzen den Thron der Maria. Hinter den vier obersten Löwen stehen auf beiden Seiten in Nischen weibliche Gestalten.

Das nördliche Nebenportal der Westfassade.

Das linke, nördliche Seitenportal zeigte im Bogenfeld über der Tür drei Streifen mit Reliefs. Im untersten war dargestellt: Die drei Könige vor Herodes und die Anbetung des Kindes, im zweiten der bethlehemitische Kindermord und die Flucht nach Aegypten, im obersten die Darbringung im Tempel.

In den vier Bogenläufen standen Engel, Heilige und Bischöfe und zwar im innersten Bogenlauf 6 Gestalten, im zweiten 8, im dritten und vierten je 10, so daß es im ganzen 34 Figuren waren.

In den drei spitzen Winkeln des Wimpergs war je eine Engelsgestalt angebracht. Auch in den Säulenstellungen der Fialen auf den beiden äußeren Pforten des Portals waren zwei Figuren, ein Bischof und eine andere, nicht erkennbare Statue aufgestellt.

In den Nischen zu beiden Seiten des Portals stehen die zwölf Tugenden, Frauengestalten, welche die unter ihren Füßen befindlichen und ihnen als Fußschemel dienenden zwölf Laster mit ihren Lanzen durchbohren.

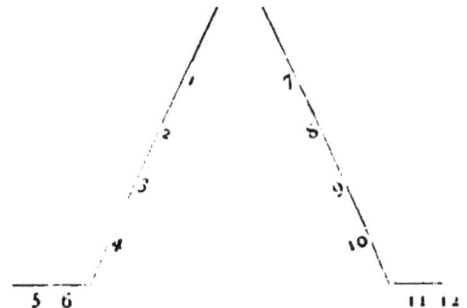

Sie sind so geordnet, daß in den beiden inneren Seiten des Portals je vier Statuen stehen und je zwei in den, rechts und links vom Portal befindlichen, äußeren Nischen. Allen gemeinsam ist das Spruchband, die Art der Bewaffnung, nämlich die Lanze, und ein Kopfschmuck, der bald als einfacher Reif, bald als Krone gestaltet ist. Gekleidet sind die Tugenden in lange, vom Halse bis zum Fuße reichende Gewänder. Sie tragen Mäntel, (mit Ausnahme von 1, 9) die durch Rosetten (8) oder durch Schnüre (2, 5) zusammengehalten werden, oder ein einfaches Tuch ist um den Körper geworfen (3, 7, 8). Starke Ausbuchtungen der Falten finden sich gerade hier sehr häufig.

Die Bewegungsmotive sind einförmig. Die Ausbiegung der Hüfte kommt selten vor. Die Art, wie die Lanzen mit spitzen Fingern und zierlich gebogenem Handgelenk geführt werden, zeugt von Ungeübtheit im Gebrauch dieser Waffe. Auf dem Antlitz mit wenigen Ausnahmen ein freundliches Lächeln.

Die Gruppe enthält Statuen von sehr verschiedenem Wert. Die geringsten Gestalten und wohl von derselben Hand herrührend sind 2, 6 u. 11. Der Kopf ist bei ihnen wenig aus dem Stein herausgearbeitet, und hat einen stumpfen und teilnahmslosen Ausdruck. 4 und 3 haben in der Kopfbildung Aehnlichkeit mit den klugen und törichten Jungfrauen des entgegengesetzten Portals, aber diese artigen Gesichter passen wenig zu einer kämpfenden und triumphierenden Tugend. Am besten prägt sich dies noch in 9 aus. Eine kräftige Frauengestalt ohne Mantel in einem knapp anliegenden Gewand, welches die Körperformen der gutgewachsenen Figur zu ihrem Recht kommen läßt, so steht sie sicher und frei da. Der Ausdruck des wohlgeformten, vollen Antlitzes ist bestimmt und ernst. Die Lanze wird von sicherer Hand geführt. Die originellste Figur ist Nr. 5. Der runde, volle Kopf macht durch seine etwas herabhängende Nase einen porträtartigen Eindruck. Das Antlitz strahlt in ungetrübter Heiterkeit, und verstärkt wird dies noch durch die übermäßig hochgezogenen Augenbrauen. Die Falten des Gewandes sind weit ausgebuchtet und ungemein leicht und sicher behandelt. Die Gestalt trägt eine der Mode entnommene Haartracht, nach welcher das von einem eng anliegenden Tuch bedeckte Haar in zwei Wülste zu beiden Seiten des Kopfes geordnet wird. Ein über die Krone gelegtes Kopftuch rahmt das Gesicht geschickt ein. Leider hat die Statue einen so ungünstigen Platz, daß sie nicht zur Geltung kommt, jedoch findet sich von ihr ein guter Gipsabguß im Museum des Frauenhauses. Nahe stehen dieser Gestalt 1 und 12 durch die individuelle Behandlung des Kopfes.

Bei 1 findet sich auch wieder diese modische Haartracht. Anmutend ist die Art, wie das Diadem bei 12 gestaltet ist, um das

Kopftuch zugleich zu halten. Durch Kettenglieder unter einander verbundene Rosetten umgeben das Tuch mehr kranzartig, als daß sie das Haupt krönen, gewiß ein Schmuckstück, das zur Zeit der Entstehung des Werkes in Straßburg getragen wurde.

Die Figuren der Laster tragen Spruchbänder in den Händen, auf welchen einst ihre Namen zu lesen waren. Auch diese Gestalten sind nicht so charakterisiert, daß aus ihrem Aeußern ihre Benennung zu erraten ist, mit Ausnahme von 10 und 11, welche vielleicht Verkörperungen des Jähzorns und der Zügellosigkeit sind, wenigstens deutet das verzerrte Gesicht und das wilde, ungeordnete Haar darauf hin. 5, 7 und 10 lassen auf ihrem Antlitz den Schmerz erkennen, den die scharfe Lanzenspitze ihnen verursacht, die andern Laster sind ebenso teilnahmlos wie ihre Besiegerinnen. Originell ist wiederum Laster 5 gestaltet: es dehnt sich aus der Nische hervor, als ob es den drückenden Füßen und der spitzen Waffe der Tugend zu entfliehen suche.

Die Bewunderung, welche gerade dieser Statuengruppe in so reichem Maße gespendet wird, darf eine gewisse Einschränkung erfahren. Zunächst ist die Frage: deckt der Inhalt sich mit dem Titel? — zu verneinen. Jedes Eingehen auf die persönlichen Eigenschaften der einzelnen Tugenden fehlt und von einem Kampf mit den Lastern ist nichts zu bemerken. Ruhig und gelassen stehen die Frauengestalten da, eine der andern gleichend, und die eine wie die andere mit derselben Ruhe ihre Lanze in den Kopf des Gegners bohrend. Keine Andeutung leitet zu jenen mittelalterlichen Kampfschilderungen hinüber, wo alle Kraft aufgeboten werden mußte, um die immer wieder und wieder heranstürmenden Laster zu bekämpfen.

Faßt man jedoch die im Verhältnis zu ihren Besiegerinnen winzig kleinen Gestalten der Laster nur als ein Art Attribut der siegreichen Tugenden auf, durch welches lediglich die Bedeutung der letzteren gekennzeichnet werden soll, so wird man in jener Statuengruppe immerhin eine Anzahl edler Darstellungen vornehmer Frauen finden, welche als solche künstlerischen Wert besitzt.

Das südliche Nebenportal der Westfassade.

Das südliche Portal ist, was die Schmückung des Wimpergs, sowie der Fialen betrifft, in gleicher Weise, wie das eben geschilderte Portal, ausgestattet.

Im Bogenfeld über der Tür befand sich in der untersten Reihe die Auferstehung der Toten, in der zweiten Reihe der Höllenrachen und die Verdammten, unter ihnen „allerhand Stands-Personen", und in der dritten Reihe Christus als Richter auf einem Regenbogen, links von ihm ein Engel mit der Dornenkrone, rechts ein solcher mit dem Kreuz, im Hintergrunde zwei posaunenblasende Engel. In den vier Bogenläufen waren in derselben Verteilung, wie am nördlichen Portal der Westfassade, 34 Bilder der Engeln und Heiligen, „so mit Christo im Himmel herrschen sollen". Die Engel im dritten Bogenlauf, von innen nach außen gerechnet, tragen in ihrem Schoß kleine Gestalten der Seligen, während die Engel im vierten Bogenlauf anbetend ihre Arme erheben. In derselben Anordnung wie bei dem nördlichen Seitenportal stehen zu beiden Seiten des Portals in Nischen 12 Statuen, welche das Gleichnis von den klugen und törichten Jungfrauen darstellen. Links der Verführer mit den fünf törichten Jungfrauen und rechts ein Prophet mit den fünf klugen. Seltsamer Weise hat lange Zeit in den Beschreibungen des Münsters der Verführer als die Braut und der Prophet als der Bräutigam gegolten, ein Irrtum, welcher sich noch bei Schreiber findet. Die zehn Jungfrauen sind schlanke, mädchenhafte Erscheinungen in schlichten, langen Gewändern, das Haar ist durch einen schmalen Reif zusammengehalten, die Gesichter sind zierlich, der Mund klein, im Kinn oft ein Grübchen. Der Faltenwurf ist maßvoll behandelt und zeigt nicht jene Uebertreibungen wie bei den Tugenden. Die Trauer ist bei einigen der törichten Jungfrauen durch einen zum Weinen verzogenen Mund und zusammengezogene Augenbrauen angedeutet, bei andern aber ist die Trauer so wenig ausgedrückt, daß sie nur durch den Platz und die nach unten gekehrten Lampen von den klugen Jungfrauen unterschieden werden können. Der Prophet, ein bärtiger Mann, mit einem Mantel bekleidet und mit nackten

Füßen, weist mit zwei Fingern seiner erhobenen, rechten Hand, wie erklärend und ermahnend auf die klugen Jungfrauen hin. Sein Kopf ist wenig ausdrucksvoll. Die interessantesten Figuren sind jedenfalls der Verführer und die ihm zunächst stehende, törichte Jungfrau, die dritte und vierte Statue vom Eingang aus gerechnet. Er, ein bartloser Jüngling, mit Grübchen in den Wangen, trägt auf dem lockigen Haar eine Krone. Er ist mit einem weiten, ärmellosen Mantel bekleidet, der unten, an beiden Seiten geschlitzt ist. Mit der Linken rafft er die Falten seines Mantels zusammen, in der erhobenen Rechten hält er einen Apfel und lächelnd bietet er ihn als Geschenk der daneben stehenden törichten Jungfrau an. Weniger verlockend ist er von der, dieser nicht sichtbaren Seite zu schauen. Sein Mantel ist dort geöffnet und läßt den Körper sehen, an welchem ekles Gewürm, Schlangen und Kröten, hinaufkriechen. Doch die Jungfrau sieht diese Kehrseite seiner Gestalt nicht. Gefällig lächelnd lockert sie mit der Rechten ihr Gewand, von welchem schon der Gürtel gelöst ist. Ihr Lämpchen hat sie achtlos fallen lassen, es liegt zerbrochen am Boden. In der Bildung des Auges ist beim Verführer noch mehr aber bei der Jungfrau jenes Schwimmende zum Ausdruck gebracht, das bei antiken Statuen mit ὑγρόν bezeichnet wird.

Es bietet diese Statuengruppe dem Beschauer eine Illustration der Parabel, welche wenig Bezug hat auf die Worte (Matth. 25, 15) „Darum wachet: denn ihr wisset weder Tag noch Stunde, in welcher der Menschensohn kommen wird", sondern sie gibt vielmehr den Töchtern der Stadt Straßburg eine praktische Lehre, sich vor den Fallstricken der Welt und insbesondere vor dem andern Geschlecht zu hüten. Wenn in dem Gleichnis im Evangelium unter den zehn Jungfrauen die ganze Christenheit verstanden wird, so ist es in dieser Darstellung der jungfräuliche Stand selbst, sowie seine Erhaltung, welche zur Bedingung des Eintritts in das hochzeitliche Haus gemacht wird. Die universelle Bedeutung des Gleichnisses ist eingeschränkt, und drastische, sittliche Defekte erklären die Ausschließung der Jungfrauen.

Die Statuen stehen auf übereck gestellten Würfeln, von welchen immer zwei Seiten dem Beschauer sichtbar sind. Auf diesen 24 Flächen sind in Vierpässen die 12 Zeichen des Tierkreises, sowie die bezüglichen Beschäftigungen des Menschen dargestellt.

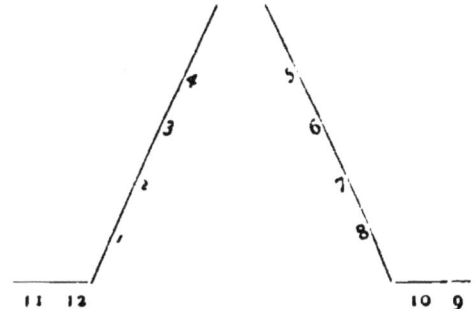

Es sind:
1. Januar: Der Wassermann.
Monatsbild: Ein schmausender Mann mit einem Doppelkopf.
2. Februar: Die Fische.
Monatsbild: Ein sich am Kamin die Füße wärmender Mann.
3. März: Widder.
Monatsbild: Ein den Weinstock beschneidender Mann.
4. April: Stier.
Monatsbild: Ein Mann mit Blumen in der Hand.
5. Mai: Zwillinge.
Monatsbild: Ein Reiter.
6. Juni: Krebs.
Monatsbild: Ein Mäher (?).
7. Juli: Löwe.
Monatsbild: Aehrenschneidender Mann.
8. August: Die Jungfrau.
Monatsbild: Dreschender Mann.
9. September: Mann mit der Wage.
Monatsbild: Kelterung des Weins.
10. Oktober: Der Skorpion (?).
Monatsbild: Ist sehr zerstört, läßt nur einen Mann erkennen.
11. November: Der Bogenschütze.

Monatsbild: Ein Mann, welcher Holz von einem Baum bricht.

12. Dezember: Der Steinbock.
Monatsbild: Ein Mann, der ein Schwein schlachtet.

Stilistische Eigentümlichkeiten sind nicht zu erwähnen. Auch inhaltlich schließen sich diese Reliefs der üblichen Darstellung des Tierkreises und der Arbeiten des Jahres an.

Die Anordnung der Bilder ist aus dem umstehenden Schema zu entnehmen.

Die Friese an den beiden Türmen.

In der Höhe des ersten Geschosses der Westfassade befinden sich an der Nordseite und der Südseite der beiden Türme in einer Hohlkehle zwei Folgen von Reliefdarstellungen, die inhaltlich und stilistisch von größter Bedeutung sind.

In ihrer letzten Bedeutung sind sie hier zu betrachten, vorher soll aber eine kurze Uebersicht der Darstellungen und ihrer Anordnung gegeben werden.

I.

Der Fries an der Südseite.

(Länge ca. 10 Meter, Höhe ca. 50 cm.)

1. Ein durch seine spitze Mütze als Jude gekennzeichneter, nackter Mann ist mit dem rechten Fuß an den Hals eines Teufels gefesselt und wird am Boden entlang geschleift. Ein anderer Teufel beschmutzt das Gesicht des Juden mit seinem Kote.

2. Eine geflügelte Gestalt mit Pferdefuß und Drachenschwanz kämpft mit Schild und Lanze gegen ein anderes Zwitterwesen, das Schild und Schwert in den Händen führt.

3. Ein Tier mit Schwimmhäuten zwischen den Krallenfüßen und einem Hundekopf (?). Aus dem Rücken des Tieres wächst ein Mensch heraus, welcher mit einem flockigen Fell bekleidet ist und eine Keule in der Hand hat.

4. Ein nackter Mann reitet auf einem Löwen, sein flatterndes Haar hält eine Binde zusammen, er hat einen Pfeil abgeschossen gegen ein Weib, welches einen Fischschwanz und Krallenfüße hat, und an deren Unterkörper ein Löwenkopf sich befindet; dieselben körperlichen Anlagen zeigt ihre Kleine, die sie in den Armen trägt.

5. Zwei musizierende Sirenen, die eine singt, die andere spielt die Geige.

6. Dieselbe Darstellung, aber hier sind Flöte und Guitarre (?) die Instrumente. Die eine Gestalt hält einen Vogel in ihren Krallen.

7. Zwei über das Würfelspiel in Streit geratene Männer. Das Brett mit drei Würfeln liegt zwischen ihnen.

8. Ein Halbmensch schlägt die Trommel und läßt einen Hund oder Esel an der Leine tanzen.

9. Ein nackter Mann wird von einem bekleideten Weib an den Haaren gezaust. Er hat einen großen, gestielten, unförmlichen Gegenstand in der Rechten, mit welchem er zum Schlage ausholt, mit der Linken packt er das Weib am rechten Bein.

10. Vor einer sitzenden Person kniet eine andere, die erstere berührt mit der Linken das Haupt der Knieenden und reicht ihr die Rechte.

11. Zwei Dämonen packen einen nackten Mann, welcher zwischen ihnen steht.

12. Zwei miteinander kämpfende Halbmenschen.

13. Ein Halbmensch im Kampf mit einem Löwen.

II.

Der Fries an der Nordseite.

1. Ein, nur mit einem kurzen Mantel und einer Kaputze bekleideter, jugendlicher Mann im Kampf mit einem Löwen.

2. Ein bärtiger, bekleideter Mann packt einen Löwen bei der Mähne und schwingt in der Rechten die Keule.

3. Ein Löwe steht vor seinem Lager und haucht mit seinem Odem seine drei Jungen an.

4. Ein Jäger erlegt mit der Lanze ein Einhorn, das sich in den Schoß einer Jungfrau geflüchtet hat.

5. Jonas wird von dem Walfisch ausgespieen. Neben ihm ein Turm, in dessen Tür eine kleine Gestalt steht, in der Höhe Gottvater in den Wolken, die Hand zum Segen erhoben.

6. Moses steht vor dem Kreuz, an welches die Schlange befestigt ist, hinter dem Kreuz eine Gruppe anbetender Israeliten.

7. Ein Pelikan öffnet sich mit dem Schnabel die Brust, um sein Blut den vor ihm im Neste sitzenden Jungen zu geben.

8. Ein Phönix verbrennt sich in seinem Neste.

9. Abrahams Opfer. Isaak kniet bekleidet auf dem Altar. Dem mit dem Schwert zum Schlage ausholenden Abraham fällt ein Engel in den Arm. Im Gesträuch wird der Widder sichtbar. Die Landschaft ist durch Eichenlaub angedeutet.

10. Ein Adler vor seinem Nest. Mit der einen Kralle hält er einen jungen Adler der Sonne entgegen.

11. Ein Mann geht mit der Lanze auf ein auf den Hinterbeinen stehendes Einhorn los.

11. Die Eberjagd. Ein Jäger rennt einem Eber seinen Spieß in den Leib. Das Tier wird von einem Hund, der es in die Schenkel beißt, gejagt.

Der Stil dieser Skulpturen unterscheidet sich merklich von dem der an den Portalen befindlichen Bildwerken. In Etwas mag dazu beigetragen haben, daß die Aufgabe eine andere war. Denn nicht um die monumentale Gestaltung überlebensgroßer Figuren handelt es sich hier, noch um die Verbildlichung biblischer Szenen an den am meisten ins Auge fallenden Teilen der Kirche. Sondern an einem abgelegenen Platze, dem Auge schwer erreichbar, an einer Stelle, wo sonst bedeutungsloses Pflanzen- oder Tierornament angebracht wird, da ist dem Künstler Gelegenheit gegeben, freier und unabhängiger vorzugehen als an jenen durch Tradition und Herkommen für gewisse, biblische Vorgänge bestimmten Nischen und Bogenfeldern. So war nicht nur in der Wahl des Stoffes größte Freiheit gegeben, auch in der Art der Darstellung durfte der Bildhauer seinen Neigungen ungehindert folgen. Und das künstlerisch Wichtige ist, daß das Streben dieser Epoche, welche sich nicht immer mit Erfolg an den größten Aufgaben der Plastik versucht hatte, jetzt einen Vorwurf findet, in dem sich der Trieb nach lebendiger Gestaltung frei ausleben darf. In welcher Weise diese hier zum Ausdruck kommt soll durch eine kurze Betrachtung der markantesten Eigentümlichkeiten der Friese seine Antwort finden.

Der Pelikan, der Phönix, der Adler und der Löwe (II, 7, 8, 10, 3) sind in der herkömmlichen Weise dargestellt. Auch die Jungfrau mit dem Einhorn (II, 4) und das Opfer Abrahams (II, 9) zeigen die traditionelle Auffassung; nur der Widder, der seinen Kopf verlangend emporstreckt, als wolle er die Aufmerksamkeit Abrahams erregen, verrät mehr Leben.

Deutlicher wird dies schon beim Jonas (II, 5), mit einem gewaltigen Satz ist er dem finsteren Schlund des karpfenähnlichen Ungetüms entflohen. Unbekleidet und abgemagert steht er mit weit gespreizten Beinen da und hebt froh über seine Rettung beide Arme empor.

In der Darstellung des Moses mit der ehernen Schlange (II, 6) gibt der Künstler ein prächtiges Bild von der Naivität der Auffassung dieses Vorganges im XIII. Jahrhundert. An der einen Seite des T-förmigen Kreuzes hat sich ein Häuflein Juden zusammengeschart. Mit kläglich verzogenen Gesichtern, in denen sogar die gebogene Nase angedeutet ist, heben sie bittend die Hände empor. Ihnen gegenüber steht Moses, ein echter, mittelalterlicher Zauberer. Ein Barett deckt sein stolz erhobenes Haupt, von dem die Locken in üppiger Fülle herabfallen. Mit überlegener Miene hebt er die Rechte beschwörend gegen die Schlange empor, während er mit der Linken die Enden seines Mantels zusammenrafft; eine schöne Pose.

In den folgenden Szenen wird eine Eigentümlichkeit besonders stark hervortreten, nämlich der Kontrast zwischen der Handlung und dem Ausdruck des Antlitzes. Lebhafteste Bewegung und ein æginetenhaftes Lächeln sind hier vereinigt.

Da sind die beiden Löwentöter (II, 1 u. 2). Der eine noch etwas befangen und leblos, der andere aber ist im Momente höchster Kraftentfaltung dargestellt. Den linken Arm mit dem schützenden Schild stemmt er gegen den Kopf des sich aufrichtenden Tieres, mit dem rechten Bein schreitet er weit aus und holt nun mit der Keule zum sicheren Schlage aus. Jedoch das Antlitz zeigt bei beiden Kämpfern keine Spur von Erregung.

Ein Blick auf die beiden Würfelspieler (I, 7). Wütend ist der verlierende, schon halbnackte Spieler mit beiden Händen zugleich seinem glücklicheren Partner in die Haare gefahren. Der ist im ersten Augenblick ganz verdutzt, er fuchtelt mit hoch erhobenen Fäusten in der Luft herum und hat auch hier das Glück, seinen Feind mit der Linken am Schopf zu packen. Nun zieht er ihn an den Haaren herunter und holt mit der geballten Faust zur Wiedervergeltung aus.

In der Eberjagd ist mit größter Virtuosität die Raumschwierigkeit bewältigt. Die Rundstäbe der Hohlkehle dienen dem Jäger als Stützpunkt, um für seine Füße einen kräftigen Halt zu gewinnen und so, den Jagdspieß eingestemmt, das Tier abzufangen. Aber mit lächelndem Antlitz übt er sein waidmännisches Handwerk aus.

Mit einer gewissen Raffiniertheit sind die Vorgänge geschildert, welche zeigen, wie der Mensch von höllischen Wesen gepeinigt wird. In der Mitte zwischen zwei gewaltigen Ungetümen stehend, muß der fast nackte Mann es ruhig über sich ergehen lassen, wie die eine Bestie mit ihrem riesenhaften Gebiß seinen Oberarm zerfleischt, während die andere ihre Krallen in seine Seiten einschlägt. Von geradezu burlesker Wirkung ist die Szene mit dem von den Teufeln gepackten Juden. Man weiß nicht, ob die Derbheit der Phantasie oder die Kunst, eine derartige Manipulation unter diesen schwierigen Raumverhältnissen darzustellen, mehr Bewunderung verdient. Bei beiden Darstellungen aber fast kein Ausdruck des Schreckens oder des Schmerzes auf dem Antlitz der Gepeinigten.

Ebenso freies und ungehemmtes Leben herrscht in der Schilderung der fabelhaften Geschöpfe am nördlichen Fries, so im Sirenenquartett (I, 5 u. 6), bei dem Löwenreiter, der seinen Pfeil auf das chimärenartige Weib abschießt (I, 4) und den kämpfenden Halbmenschen (I, 12, 13); aber auch hier wieder im Antlitz ein gelassener Ausdruck oder gar ein fröhliches Lächeln.

Eine Ausnahme findet sich in der Rauferei zwischen Mann

und Frau (I, 9,); die Miene des an den Haaren gepackten Mannes verrät ein wirkliches Schmerzgefühl.

Es ist eine kurze aber bemerkenswerte Episode des mittelalterlichen Stils, die sich in diesen Friesen abspielt. Der Naturalismus des Mittelalters, dessen Ziel so häufig die scharfe oft überscharfe Charakteristik des Antlitzes ist, oder den die virtuose Behandlung des Gewandes oder des Faltenwurfs anlockt, hat sich hier die Aufgabe gestellt, die bewegte Handlung überzeugend darzustellen. Und während die Gestaltung des Antlitzes unverändert bleibt gelingt es dem Künstler, die Glieder von dem Bann starrer Ruhe zu lösen und zugleich den Eindruck kraftloser Bewegung zu vermeiden. Zudem fühlt er sich frei vor allzu strengen Blicken und schafft mittelalterliche Genrebilder, die auch inhaltlich einen Beitrag zur Kultur und Sitte dieser Zeit liefern.

Um 1291 sollen nach *Specklin* die *3 Reiterstatuen* an der Westseite des Münsters entstanden sein. Er erzählt:

Damals baute bischof Conrad ganz streng am münster fort, und als man die vier columnen und streben auswendig aufführte, da wurde mit des bischofs bewilligung, von dem rath erkannt, daß man alle fürnehmsten könige, so stadt und land die großen gutthaten gethan, ihre bildnisse auf triumpfpferde setzen sollte, welches geschehen und noch zu sehen ist. Am vordern pfeiler gegen den Salzmarkt sitzt auf einem pferd konig Chlodoveus, so erstlich das münster erbaut, und den Christenglauben hat angenommen, mit goldener krone und szepter.

Am ander pfeiler sitzt könig Dagobertus mit einer krone und szepter, auch auf einem pferd, der erstlich das bisthum gestiftet, die stadt gefreit und dem land viel gutes gethan und das bisthum hoch begabt.

Auf dem dritten sitzt könig Rudolf von Habsburg auf einem pferd mit goldener krone und szepter, welcher stadt und land viel gutthaten bewiesen, auch viele freiheiten gegeben und vor dem bischof erhalten, sonst wären sie eigene leute geworden. Darüber in einem bogen so ledig, ist mit goldenen buchstaben geschrieben:

Rudolphus de Habsburg
rex Romanorum.
(Reuß n. 1116.)

Einige Details über die Statue Rudolfs finden sich bei *Schöpflin* (*Alsatia illustrata II § 113 p. 513*):
Supra caput eius in ferreo circulo aeneis formae Gothicae literis instructo, legitur: Rudolfus de Habsburg, rex Romanorum. Supra inscriptionem lapidi insculpta fuit Aquila imperii simplex, erecta, septentrionem respiciens; et ad latus eius sinistrum Leo Habsburgicus, erectus pariter et ad aquilam se vertens. In sella, equo imposita, insignia eadem reperi; ita tamen ut anteriorem sellae partem Leo, posteriorem Aquila occupet.

Die Abbildungen dieser Reiterfiguren sind zu schlecht, um aus ihnen etwas über die künstlerische Ausführung entnehmen zu können. Eine allgemein gehaltene Notiz von *Stieglitz* (*Ueber das Münster zu Straßburg 1817*) sagt, daß der Kopf des Dagobert in der Bibliothek aufbewahrt wurde und „meisterhaft gearbeitet, giebt er das deutlichste Zeugnis von der Fertigkeit der deutschen Steinmetzen."

Der Lettner.

Der 1682 zerstörte Lettner wird von Adler und Kraus Erwin zugeschrieben, während Woltmann ihn in eine frühere Zeit setzt. Auch hier wieder soll zuerst das Wort einer früheren Beschreibung[25] gegeben werden. Es war ein Lettner, welcher längs des Querhauses die Kirche der Laien von jener der Priester trennte nebst einer kleineren Fortsetzung, unter welcher sich eine Marienkapelle befand. Jener (der eigentliche Lettner) war, bis auf zwei Eingänge gegen das Chor geschlossen; gegen das Langhaus aber in neun Spitzbögen geöffnet. Ueber jedem Bogen erhob sich ein dreieckiger Giebel, welcher im Hochbilde eine Gruppe von kleineren Figuren enthielt. Zwischen zwei solchen Giebel in der Mitte stand auf einem besonderen Knaufe immer wieder eine größere Figur, welche ein Baldachin mit Häussern und Thürmchen über sich hatte, und nebstdem noch von zwei Engeln überschwebt wurde, welche Kronen in der Hand trugen. Gegen Mittag nahm diese Figurenreihe mit dem Apostel Johannes ihren Anfang, dann folgten die übrigen Apostel, bis sie zwischen dem 5. und 6. Bogen von der Maria mit dem Kinde unter einem höhern Baldachin unterbrochen wurden; worauf sie sich weiter fortsetzten und beschlossen. Auf den Giebelfeldern waren, ein einziges ausgenommen, die Werke der Barmherzigkeit abgebildet und durch beigegebene Sprüche noch mehr ausgezeichnet. Sie beginnen mit fünf Figuren, wovon zwei den andern Schuhe mittheilen. Die oberste hält ein Spruchband mit den Worten: Nudipes calciatur. Im zweiten Feld erscheinen gleichfalls 5 Figuren, wovon 2 Wasser in Schalen gießen. Der Spruch: Lihens potatur. Im 3. Feld wieder fünf Figuren, wovon eine die andere in die Herberge führt; zwei strecken die Hände grüßend entgegen: Hospes colligitur. Viertes Feld mit gleicher Anzahl von Figuren. Zwei theilen Brot unter die übrigen aus: Esuriens cibatur. Das 5. Feld stellt das jüngste Gericht vor. Christus sitzt auf dem Throne, seine rechte Hand gehoben; 2 Figuren schweben betend zu ihm empor, zwei liegen zu seinen Füssen. Im 6. Feld steigt die Zahl der Figuren bis auf 9. Eine väterliche Gestalt unter Wittwen und Waisen: Vidua tuetur, Orphanus nutritur. Im 7. Feld wieder fünf Figuren. Eine blickt aus dem Gefängnis, die übrigen sind an Händen und Füßen angekettet. Der Kerkermeister tröstet sie: Incarceratus solatur. 8. Feld sechs Figuren, wovon zwei eine Leiche in einen Sarg legen, welcher von zwei Andern gehalten wird: Mortuus sepelitur. Neuntes Feld abermal fünf Figuren, wovon eine der andern einen Rock reicht: Nudus vestitur.

Der ganze Vordertheil des Lettners war mit feinem Gold überzogen, und im Jahre 1415 wurde auf demselben ein großes Kreuz, dem Volke gegenüber, aufgerichtet.

Von diesem größeren Lettner gieng man auf den kleineren, der sich gegen die nördliche Abseite um den sechsten Pfeiler des Langhauses herumzog. Vorwärts war auf ihm der englische Gruß in zwei herrlichen Bildern dargestellt.

Durch eine glückliche Entdeckung sind in letzter Zeit einige Statuen des Lettners wieder aufgefunden worden. Herrn Knauth, Architekten am Dombauamt, gelang es, mit Hilfe einer alten Abbildung (Stich v. J. Brunn), mehrere Figuren aus dem plastischen Schmuck des Lettners nachzuweisen. Es befinden sich nämlich am Nordturm eine Anzahl Skulpturen, deren Stil von dem der übrigen Statuen dieser Zeit (Kaiser u. Mönch, die beiden Baumeister) stark abweicht. Da sie indessen für das Auge schwer erreichbar sind, ist ihnen nie viel Beachtung geschenkt worden, und es gelang auch nur mit Hilfe der im Frauenhaus befindlichen Abgüsse, ihre Herkunft und Identität mit den Statuen des Lettners festzustellen. Es sind Propheten mit Spruchbändern und Büchern in den Händen. Ihr Platz war am Lettner auf den breiten Knäufen zwischen den Wimpergen. Der Stil weicht in etwas von dem der Portalfiguren ab, was aber wohl seinen Grund darin hat, daß sie für eine andere Umgebung bestimmt waren. Es sind feine, zierliche Gestalten, das Antlitz zeigt reine und edle Linien, das Haar ist sehr sorgfältig und sauber behandelt, der Körper in den Hüften ein wenig ausgebogen, der Faltenwurf des Gewandes ohne übertriebene Ausbuchtungen. Der ruhige, gleichmäßige Ausdruck des Antlitzes ist bei diesen für das Innere der Kirche bestimmten Statuen vielleicht aus dem Verlangen nach einer einheitlichen Stimmung zu erklären. Drei Figuren, zwei Propheten und eine Sibylle, gehören auf Grund der Abbildung mit Sicherheit zu den Figuren des Lettners, wahrscheinlich gehört aus stilistischen Gründen auch noch ein Diakon dazu, von dem ebenfalls ein Abguß vorhanden ist.

Die Skulpturen der Westfassade, die beiden Friese und der Lettner bilden eine Stilgruppe für sich in dem plastischen Schmuck des Münsters. Ihre Entstehungszeit (ca. 1280—1320) wird nicht immer gleichzeitig mit der Vollendung der entsprechenden Bauteile zu setzen sein. Die im Vorhergehenden bezeichneten, stilistischen Eigentümlichkeiten sprechen dafür, daß die beiden Friese zuerst entstanden seien, dann die ältesten Statuen am Portal und der Schmuck des Lettners und zuletzt jene einzelnen Propheten und Tugenden, bei denen die geschilderte Behandlung des Gewandes besonders stark bemerkbar wird.

Die Statuen vor der Katharinenkapelle.

Aus dem zweiten Drittel des XIV. Jahrhunderts sind die vor der Katharinenkapelle aufgestellten Statuen. Der Bischof Berthold von Bucheck hatte diese Kapelle in den Jahren 1331 — 1349 erbaut. Drei Altäre befanden sich dort, die der heiligen Katharine, dem Apostel Andreas und der heiligen Elisabeth geweiht waren. Außwendig an St. Catharinae Capell stehen fünf in Stein ausgehauene Bildnusse: nemlich der heiligen S. Catharinae, S. Florentii, S. Pauli, S. Elisabeth und S. Johannis. (*Behr.*) Die Statue des Florentius ist zerstört und durch ein modernes Werk ersetzt. Die andern vier Statuen sind von keinem großen Wert"[1]. Die heilige Katharina hält in der Linken das Rad, sie steht auf dem in kleiner Gestalt dargestellten König. Ihr Gewand zeigt deutliche Spuren von roter Farbe, das Antlitz ist unbelebt.

Die heilige Elisabeth ist die anziehendste Gestalt unter diesen Skulpturen. Ein weiter, faltenreicher Mantel umschließt ihren Körper. Ihr Kopf ist kräftig und rundlich, im Gegensatz zu den flachen und langgezogenen Gesichtern der andern Heiligen. In der Linken trägt sie ein Buch, in der herunterhängenden Rechten hält sie ein langes Brot, nach dem ein kleiner, an einer Krücke gehender Mann greift.

Eine sehr schwache Leistung ist der Johannes, eine abgemagerte, asketische Gestalt mit dem Lamm im linken Arm.

Ob die vierte Gestalt wirklich den Paulus vorstellt, ist zu bezweifeln. Da in der Kapelle ein Altar dem Andreas geweiht war, so ist anzunehmen, daß auch dieser am Eingang der Kapelle sein Bild erhalten hat. Zumal nun der sogenannte Paulus in seiner Hand ein Kreuz trägt, so darf wohl eine Umtaufung vorgenommen werden. Es ist eine Figur, ganz ähnlich der des Johannes, nur daß sein Haar weniger wild behandelt wird.

Die Skulpturen des 3. Geschosses der Westfront.

In der zweiten Hälfte des XIV. Jahrhunderts ist der für die Glocken bestimmte Mittelbau entstanden. Für diesen war ein reicher, skulpturaler Schmuck bestimmt, dessen Entwurf sich im Frauenhaus befindet. (Die nachfolgende Schilderung geht auf ihn zurück.)

Unmittelbar über der Rose zieht sich die Apostelgalerie hin. Dort waren die 12 Apostel und in ihrer Mitte Maria aufgestellt. Auf den Spitzen der Wimperge über den Aposteln waren Engel angebracht und über Maria Christus in der Mandorla mit der Kreuzesfahne und erhobener Rechte.

Am Zwischenbau selbst, zu beiden Seiten der großen Fenster, stehen die vier Evangelisten, links vom Beschauer Markus und Matthäus, rechts Johannes und Lukas. Sie tragen Spruchbänder in den Händen und haben nicht menschliche Gesichter, sondern die symbolischen Tierköpfe; Matthäus ist durch einen Engel dargestellt. Ueber diesen ist rechts ein Engel mit der Lanze, links ein solcher mit dem Kreuze. Zwischen den Wimpergen der beiden Fenster Christus als Weltenrichter, ein Schwert geht von seinem Mund aus. Im Innern der Wimperge knieen Maria und Johannes der Täufer. Die Außenseiten sind mit Krabben besetzt in der Gestalt von Särgen, denen Auferstehende entsteigen. Die höchste Spitze der Wimperge ist links mit einem Engel besetzt, der die Seele eines Verstorbenen in seinem Schoße hält, rechts mit einem Teufel, der einen zur Hölle Verdammten in seinen Krallen davon schleppt. Die Zeichnung ist mit grüner, blauer und roter Farbe koloriert. Es sind schmalschultrige Gestalten, welche, namentlich die Apostel, eine gewisse Bewegung zeigen, die durch die Haltung der Arme und Hände ausgedrückt wird. Der Unterkörper der Engel ist, um ihn der Architektur anzupassen, stark von oben nach unten verjüngt und erleichtert so den Uebergang von der Spitze des Wimpergs zum menschlichen Körper.

Die Skulpturen am Nordturm.

Von den am Nordturm befindlichen 15 Statuen sind nur einige zu besprechen. Eine ganze Anzahl entzieht sich wegen der ungünstigen Aufstellung einer eingehenden Besichtigung.

An der Westseite des Nordturms finden sich nur 2 Statuen, der Kaiser und der Mönch, an der Südseite 13, die Ost- und Nordseite sind figurenlos. Der Kaiser und der Mönch sind wohl die ältesten Statuen. Der Kaiser mit der Krone, Reichsapfel und Zepter wendet dem in ein langes Gewand gekleideten Mönch den Rücken zu. Es ist wohl keine Statue am Münster, bei welcher der menschliche Körper so ignoriert ist, wie bei dem Mönch. Trotzdem ist die Gewandbehandlung und vor allem der Ausdruck seines Kopfes meisterhaft behandelt. Der Eindruck, den er seit allen Zeiten auf den Beschauer gemacht hat, spiegelt sich wieder in jenen Sagen von dem Dominikaner[1], welcher Heinrich VII. vergiftet hat und zu spät die Tat bereute Es liegt eine tiefe Trauer auf dem charaktervollen Kopf, der trotz seiner im Verhältnis zum Körper zu großen Formen keinen plumpen oder derben Eindruck macht. Beim Kaiser tritt durch das Erheben des Arms zum Tragen des Reichsapfels, die mangelhafte Ausbildung des Körpers schon störender hervor. Auch auf seinem ebenfalls porträtartig gestalteten bärtigen Kopf liegt ein schmerzvoller Zug.

Die beiden Werkmeister an der Südseite des Nordturms, von denen der eine eine Sonnenuhr vor sich hält, während der andere die Hand an die Augen legt und nach oben schaut, sowie ein Laurentius, sind dem Anfang des 16. Jahrhunderts zuzuschreiben. Der Laurentius ist beinahe eine Kopie des am Nordportal stehenden Heiligen und die andern beiden Figuren stehen durch Besonderheiten der Tracht, sowie des Faltenwurfs ebenfalls den Statuen des Laurentiusportals nahe. Die beiden Werkmeister, kleine, häßliche Menschen mit grimassierenden Gesichtern, haben schon allerlei Taufen erfahren müssen. Als Junker von Prag haben sie in dem Streit über die bauliche Tätigkeit dieser beiden Böhmen mit Unrecht eine gewisse Rolle gespielt. Sie haben über ihren ärmellosen Wams einen faltenreichen Mantel geworfen. Der nach oben sehende Werkmeister läßt durch die Bewegung des Arms den Aermel seines Untergewands sichtbar werden, das eine Verschnürung zeigt, die derjenigen am Arme eines Königs des Laurentiusportals gleicht. Sein Antlitz ist faltenreich und sehr verzerrt, das Haupt deckt eine Kappe. Sein Genosse, der die Sonnenuhr hält, ist in derselben Weise behandelt. Ueber andere hier befindliche Statuen ist schon bei der Beschreibung des Lettners gesprochen worden.

Von den, in der obersten Reihe aufgestellten zwei Figuren, einem Werkmeister mit einem großen Winkel und einem Diakonus mit einem Buche, ist es unmöglich, auch mit Hilfe eines Glases, Details zu erkennen. Jedoch scheint der Diakonus eine gute Arbeit zu sein, wenigstens sprechen die Umrißlinien des Körpers, sowie die Kopfform dafür.

Ueber den unteren Fenstern des Turms ist ein Umgang, der mit 8 Statuen, je zwei an den Mündungen der vier Treppen, geschmückt ist. Es sind kleine, ca 50 cm große Figuren von feiner, zierlicher Arbeit. Ein Mann mit Mantel und Kapuze, eine Mutter mit einem Kind, ein Bär und ein Ochse, ferner zwei weibliche Gestalten, nämlich eine Katharina mit dem Rad und eine unkenntliche Figur und schließlich zwei Männer deren einer ein Spruchband hält. Die Statuen sind stark verstümmelt, und namentlich die Köpfe kaum kenntlich. Die Figuren schauen alle nach oben, wohl um ihre Bewunderung über den kühnen Bau auszudrücken. Entstanden sind die Statuen in der ersten Hälfte des 15. Jahrhunderts.

Im Jahre 1439 war der Nordturm vollendet. *Schadaeus* gibt an, daß damals schon das Marienbild auf die Spitze des Turms gesetzt wurde, während *Specklin* sagt: D o c h w u r d e es also gemacht, daß ein Mariabild sollte auf dem K n o p f s t e h e n *(Reuss, Nr. 2075).* Jedenfalls mußte das Bild 1488 wieder herabgenommen werden, dann es in der kurtzen Zeit vnd als lang es darauff gestanden, nicht nur von grewlichen sturmwinden schaden empfangen, sondern ist auch zu vnderschiedlichen mahlen vom Wetter getroffen und durch grewliche Donnerstreiche geletzet worden *(Schad., p. 17).*

Es wird allgemein angenommen, daß dies dasselbe Bild sei, welches 1493 an der Außenseite des Südportals aufgestellt worden ist. Dagegen sagt Specklin ausdrücklich, daß 1493 das Mariabild „gemacht" sei *(Reuss. Nr. 2170).*

Jedenfalls ist das jetzt am Südportal befindliche Bild ein neues Werk, und nur der Sockel ist älteren Ursprungs.

Eine Abbildung bei *Behr* zeigt die alte Statue. Maria, gekrönt und mit langem, herabfallenden Haar hält auf dem linken Arm das nackte Christuskind, das in der einen Hand eine Kugel hält und die andere zum Segen erhebt. In der rechten Hand trägt Maria ein Zepter.

Der Mann über dem Uhrblatt und der Mann an der Balustrade des südlichen Querschiffs.

Gleichzeitig mit der Statue von 1493 ist der Mann über dem Uhrblatt an der Front des südlichen Querhauses und auch die 1702 zerstörte Statue des Bischofs Arbogast entstanden. Das erstere Werk zeigt Kopf, Brust und Arme eines aus einer Muschel über das Uhrblatt sich beugenden, älteren Mannes. Er ist in Zeittracht gekleidet und hat, durch seinen auffälligen Platz Anlaß zu allerlei Sagen gegeben, ebenso wie der aus derselben Zeit stammende Mann, welcher sich auf die Balustrade an der Ostseite im Innern des südlichen Querhauses stützt. Es ist ein in rot und weiß, die Stadtfarben von Straßburg, gekleideter Alter, mit derben Gesichtszügen. In früherer Zeit wurde er für Erwin gehalten und hat sogar als Modell für die in Steinbach errichtete Bildsäule des Meisters dienen müssen. Wenn Kraus sagt: „Wir haben es hier, wie bei den ähnlichen Figuren am Turm, nicht mit Porträts der Werkmeister, sondern mit Gestalten zu tun, welche auf die Wunder des Baues hinblickend, die Aufmerksamkeit des Publikums auf bestimmte Punkte hinlenken wollen", so ist nicht einzusehen, warum letztere Funktion Porträtdarstellungen ausschließen soll. Keine Persönlichkeit ist geeigneter, auf gewisse Schönheiten und schwierige Konstruktionen des Baues hinzuweisen als der Erbauer selbst.

Die Skulpturen der Laurentiuskapelle.

In den Jahren 1494—1505 wurde durch Jakob von Landshut die Laurentiuskapelle erbaut. Meister Conrat wird der Bildhauer genannt, der die Gruppe über der Tür geschaffen hat. Sie stellte dar, wie Laurentius von seinen Henkern auf das Roß gelegt wird. Die Statuen an beiden Seiten des Portals sind erhalten geblieben. Links ist die Anbetung der Könige. Zunächst dem Portal steht Maria, sie ist ein beträchtliches größer als die Könige. Auf dem Haupt trägt sie eine Krone mit einem Kreuz. Ihr Haar ist gelockt und fällt frei herunter. In der Rechten hält sie eine Kugel, auf dem linken Arm sitzt das nackte Christuskind, das mit einem Tuche spielt. Der zunächst stehende König ist barhaupt und bietet einen Pokal dar, dessen Deckel er öffnet. Der eine Krone tragende, zweite König hat einen Kasten in der Hand und deutet auf Maria und das Christuskind hin. Der dritte, ein Negerfürst mit breiter Nase und wulstigen Lippen, lüftet sein Barett und hält in der Linken einen Kelch. Ein dicker Gürtel ist um sein Wams geschlungen, die Brust ziert eine prächtige Kette, an der eine große Medaille hängt. Neben ihm steht ein kleines, langhaariges Hündchen. Der Letzte in der Reihe ist ebenfalls ein Neger, ein Reisiger oder Diener, in hohen Stiefeln, eng anliegenden Hosen, knappem Wams und weitem Mantel. Er stützt sich auf sein Schwert. Die Absicht des Künstlers, einen nachlässig ausruhenden Mann zu zeigen, ist nicht gelungen, die Haltung, der Statue ist zu gezwungen und gewaltsam, als daß sie den gewollten Eindruck machen könnte.

An der rechten Seite des Portals stehen Laurentius, Papst Sixtus und drei namenlose Gestalten. Der Heilige ist größer gebildet als seine Genossen. Er ist in einen weiten Mantel gehüllt, der rechte Arm ist jetzt verstümmelt (er hielt früher ein Buch), mit der Linken stützt er sich auf den Rost. Papst Sixtus trägt die Tiara und hält ein Buch in der Hand. Von den drei andern Figuren trägt die nächste ein Buch, die zweite ein Schwert, die dritte ist gepanzert und trägt einen großen Mantel über der Brüstung. Bekleidet sind die ersten beiden mit langen Gewändern.

Die Behandlung des Faltenwurfs ist bei beiden Gruppen[82] unruhig und schwerfällig. Die Gewänder scheinen förmlich auf den sie tragenden Personen zu lasten. Tiefe, spitzwinklige Querfalten sind untermischt mit muldenartigen Vertiefungen, die nur mit einem Stoff vorkommen können, der nicht nur schwer sondern auch steif und ungefüge ist.

Hierzu kommt nun noch ein Gesichtsausdruck, welcher durch die herabgezogenen Mundwinkel, die schweren Augendeckel und die vollen, wulstigen Lippen einen recht unfreundlichen Eindruck macht. Höchst mißvergnügt sehen namentlich die Begleiter des Laurentius in die Welt hinaus, während auf dem Gesicht des Heiligen und des Papstes ein leiser wehmütiger Zug liegt, der nicht übel zu diesen Figuren paßt. Unter dem weit vorragenden Baldachin wird, halbverdeckt, die kleine Statue Christi sichtbar. Der mit einem weiten Mantel bekleidete Heiland trägt eine Weltkugel, auf der ein Kreuz befestigt ist. Er scheint von derselben Hand herzurühren, wie die andern Gestalten.

Uebersicht
über die im Text erwähnten Skulpturen nebst Angabe ihrer Erhaltung.

Krutzmann		nicht mehr vorhanden.
Mars		nicht mehr vorhanden.
Anbetung der Könige (Relief im Tympanon des inneren Portals am nördlichen Querschiff)		zerstört.
Tod der Maria	\	erhalten.
Begräbnis der Maria	} Reliefs	zerstört.
Himmelfahrt der Maria		zerstört.
Krönung Marias	/	erhalten.
Ecclesia	\ und Statuen	erhalten.
Synagoge	} aus den Portalen des	erhalten.
König Salomo	/ südl. Querhauses	zerstört.
Die 12 Apostel		zerstört.
Die Engelsäule im Innern des südl. Querhauses		erhalten.
Der Mann mit der Sonnenuhr auf der Strebemauer am südlichen Querhaus		erhalten.
Vier Statuen in den Nischen der Strebepfeiler des nördlichen Langhauses		erhalten.
Vier Statuen in den Nischen der Strebepfeiler des südlichen Langhauses		erhalten.
Die Bauaufseher und Wächter (im Museum des Frauenhauses)		erhalten.

Die Skulpturen am Lettner:
1. Die Reliefs   zerstört.
2. Die Statuen **zerstört bis auf 2(?) jetzt am nördl. Turm befindliche Figuren sowie zweier Statuen im Museum des Frauenhauses.**

Die Skulpturen an den drei westlichen Portalen:
   A) Am Hauptportal:
      1. Die Statuen in den Nischen des Portals   erhalten.
      2. Die Reliefs im Tympanon **erhalten bis auf die oberste Reihe; zahlreiche kleine Ausbesserungen in den drei unteren Reihen.**

3. Die Gruppen in den Bogenläufen — zerstört.
4. Die Skulpturen am Wimperg des Hauptportals:
   1. König Salomo — zerstört.
   2. Die Jungfrau Maria — zerstört.
   3. Das Antlitz Gottes — zerstört.
   4. Die Löwen am Thron Salomos — erhalten.
   5. Die Musikanten — zerstört.
   6. Die weibl. Figuren in den Nischen — zerstört.

B) Am nördl. Seitenportal der Westfront:
   1. Die Statuen in den Nischen des Portals — erhalten.
   2. Die Reliefs im Tympanon — zerstört.
   3. Die Gruppen in den Bogenläufen — zerstört.

C) Am südlichen Seitenportal der Westfront:
   1. Die Statuen in den Nischen des Portals — erhalten.
   2. Die Sockel mit den Tierkreiszeichen und Monatsbildern — erhalten.
   3. Die Reliefs im Tympanon — zerstört.
   4. Die Gruppen in den Bogenläufen — zerstört.

Die beiden Friese an der Nordseite und der Südseite der Westfront — erhalten.
Die drei Reiterstandbilder — zerstört.
Die Statuen der Katharinenkapelle — erhalten bis auf Florentius.
Die Apostelgalerie — zerstört (bis auf einen Apostel).
Die Skulpturen am mittleren Geschoß der Westfront — nicht ausgeführt. (?)
Die Statuen am Nordturm — erhalten.
Das Marienbild auf der Spitze des Turms — zerstört.
Der Mann am Uhrblatt und der Mann an der Balustrade des südlichen Querhauses — erhalten.
Die Skulpturen am Portal der Laurentiuskapelle:
   1. Das Relief im Tympanon des Portals — zerstört.
   2. Die Statuen an den beiden Seiten und die Christusstatue — erhalten.

ZWEITES KAPITEL.

Dieser Teil soll keine Fortsetzung sondern eine Ergänzung des vorhergehenden Abschnittes sein. Denn es findet sich noch eine ganze Anzahl Skulpturen, welche eine lediglich ornamentale Aufgabe zu erfüllen haben, und deren numerisches Uebergewicht über die schon beschriebenen Bildwerke Veranlassung gab, sie gesondert zu behandeln, um nicht durch ihre große Anzahl die selbständigeren Werke zu sehr in den Hintergrund zu drängen.

Es gehören zu dieser Gattung vor allem die zahlreichen Reliefs in den Zwickeln der Pfeilerfüllungen, die Medaillons der Blendarkaden, die Kapitäle mit figürlichen Darstellungen und die Wasserspeier.

Noch eine dritte Gattung von Skulpturen wäre zu erwähnen, welche aber von der Beschreibung ausgeschlossen bleibt, nämlich alle die Statuen im Innern des Münsters, die Kanzel mit ihren zahlreichen Statuetten, die Grabdenkmäler etc. Da sie nicht organisch mit der Architektur des Münsters verbunden sind, ist von einer Behandlung dieser Bildwerke abgesehen worden. Eine Ausnahme bildet die Beschreibung des Oelbergs, welche im Anhang ihren Platz haben soll. Die Inkonsequenz findet ihre Entschuldigung in dem hohen Kunstwert der wenig gekannten Statuen.

Reliefs.

Die Reliefs an den Blendarkaden der Seitenschiffe und der Vorhalle am Triforium, in den Pfeilerfüllungen der Westfassade und im Wimperg des Hauptportals, entstammen dem letzten Drittel des XIII. Jahrhunderts. Zwar gibt *Specklin* an, daß erst nach dem Brand von 1298 der Umgang angefertigt sei, aber, wie *Kraus* feststellt, ist es unmöglich, die Stilformen des Triforiums und der Fenster des Langhauses für gleichzeitig mit der Architektur der Fassade zu erklären. Sie zeigen einen Stil, der zwar von dem des unteren Teils des Langhauses noch mehr aber von dem der Fassade abweicht. Im Innern des Münsters sind nur die Blendarkaden der Vorhalle in Verbindung mit der Zeit Erwins zu bringen. Der Stil der Reliefs ist im allgemeinen ein gleicher, so daß aus ihm eine Folgerung für die Reihenfolge der Entstehung nicht gezogen werden kann; nur der Stil der Architektur ist für die Anordnung der Beschreibung maßgebend gewesen.

Die Medaillons in den Blendarkaden der Seitenschiffe.

An den beiden Wänden der Seitenschiffe laufen Blendarkaden entlang, die mit Ausnahme derjenigen in der ersten Travée, reichen, figürlichen Schmuck besitzen. Durch das Gesims und je zwei Bogen der Arkaden werden gleichschenklige Zwickel gebildet, deren Spitze nach unten gerichtet ist (die Schenkel ca. 70 cm, die obere Seite ca. 90 cm lang). In diese Fläche ist ein Kreis beschrieben (Durchmesser 28 cm) und in demselben, ist umrahmt von einem Dreipaß, eine Reihe der verschiedensten Darstellungen angebracht. Auch die drei kleineren Zwickel, die durch die Konstruktion des Kreises in der dreiseitigen Fläche entstanden sind, zeigen mannigfaltige Ornamente und einige sind in glückliche Verbindung mit den Reliefs der Dreipässse gebracht. Der figürliche Schmuck beginnt in der zweiten Travée vom Chor aus gerechnet.

I. Verzeichnis der Medaillons an den Arkaden des südlichen Seitenschiffs.

1. In der 2ten Travée.
   1. Ein sitzender Löwe.
   2. Fabeltiere.
   3. „
   4. Ein Löwe.
   5. Ein Tier mit einem kleineren Geschöpf.
   6. Ein Teufel.
   7. Der gute Hirte mit dem Lamm.
   8. Ein Teufel auf einem Menschen sitzend.

2. In der 3ten Travée.
   1. Brustbild eines Mannes,

welcher mit beiden Händen eine Kugel hält. (Gottvater?)
2. Eine sitzende, weibliche Gestalt mit einem Kind.
3. Christus mit einem Buch.
4. Die Jagd. Im Medaillon die Jäger, außerhalb: links die Hunde, rechts ein Eber.
5. Geistlicher mit einem Buch.
6. Betender Christus.
7. Ein knieendes Paar wird gesegnet.
8. Ein König mit Bandrolle.
3. In der 4 ten Travée.
1. Ungeheuer mit zwei Körpern.
2. Ein Mann mit dem Schwert in der rechten Hand.
3. Ein aus einer Kanne trinkender Mann.
4. Ein Mann mit zwei Tieren.
5. Ein Kirschen essender Affe.
6. Ein König.
7. Christus und in jedem der kleineren Zwickel ein Engel mit Weihrauchgefäß.
8. Maske mit Ornamenten.
4. In der 5 ten Travée.
1. Fabeltiere.
2. „
3. „
4. „
5. Das Lamm mit dem Kreuz.
6. Ungeheuer.
7. „
8. Löwin mit einem jungen Löwen.

II. Verzeichnis der Medaillons an den Arkaden des nördlichen Seitenschiffs.

1. In der 2 ten Travée.
1. ?
2. Christus mit einer Bandrolle, außerhalb des Medaillon 2 Engel wie bei I, 4 Tr. 7.
3. Ein Engel.
4. Ein Löwe.
5. Ein Löwe mit einer Bandrolle.
6. Ein großer Vogel.
7. Ungeheuer.
8. Ein nackter Mensch, der nach seinem Gesäß greift.
2. In der 3 ten Travée.
1. Ein Wolf, dem ein Storch seinen Schnabel in den Schlund steckt.
2. ?
3. Ein Engel.
4. Ein junger Mann.
5. Löwe mit zwei Körpern.
6. Ein Ungeheuer mit zwei Körpern.
7. Ein Stier mit Flügel.
8. Ein Vogel.
3. In der 4 ten Travée.
1. Ein Drache.
2. Ein Lamm mit der Kreuzfahne.
3. Geflügeltes Tier.
4. Raubvogel, der einen andern Vogel in den Krallen hält.
5. Ein Vogel.

6. Christus mit zwei Engel vgl. II. 2 Tr. 2.
7. Ein zorniges Gesicht.
8. Ein mit Weinlaub geschmückter Kopf.

4. In der 5ten Travée.
1. Ein in das Horn blasender Mann mit einem Hund.
2. Ein junger Löwe, im rechten, kleinen Zwickel, ein Gebäude mit drei Türmen und ein Teil einer gotischen Kirche, die sog. petite Cathédrale [1].
3. Ein Raubvogel, welcher an einem Gerippe nagt.
4. Ein Teufel einen nackten Juden schleppend.
5. Ein Geschöpf mit 2 Körpern, im kl. Zwickel ein Judenkopf und darüber ein Schwein.
6. Ein Drache.
7. Zwei Ungetüme.
8. ?

Die Reliefs sind teilweise schon stark verwittert, so daß sie oft schwer zu erkennen sind. Abgüsse finden sich von ihnen im Frauenhaus. Außerordentlich geschickt ist der Raum benutzt, so namentlich bei den Medaillons, wo die kleineren Zwickel, rechts und links, in Beziehung zu dem im Kreise Dargestellten gebracht sind, z. B. bei der Eberjagd und bei dem häufig wiederkehrenden Christus mit den zwei Engeln.

Von Inschriften sind zwei lateinische „Deus trinus unus" (II. 2. Travée nr. 2) und „leo" (II. 2. Travée nr. 4) eine deutsche „Steimer" (I. 4. Travée nr. 2) zu erwähnen. Letztere findet sich unter der Darstellung eines trinkenden Steinmetzen. Ein Medaillon an der Südseite (I. Travée IV. 7) ist unvollendet, nur das Relief, die Halbfigur eines Königs, ist aus dem Stein herausgearbeitet.

Die Blendarkaden in der Vorhalle sind aus späterer Zeit und zeigen reichere Formen. Bei ihnen sind nur in den kleineren Zwickeln allerlei Gestalten wie gewappnete Halbmenschen, phantastische Tiergestalten und dgl. angebracht, das Mittelfeld hingegen ist durchbrochen und leer gelassen.

Die Reliefs am Triforium.

Am Triforium sind durch die Bogenlinien je zweier Fenster Zwickel gebildet, die etwa die Form eines gleichschenkligen Dreiecks haben, dessen Basis nach oben gerichtet ist. Durch einen Pfosten sind diese Dreiecke in zwei Hälften geteilt, deren jede Raum für ein Relief bietet.

I. An der nördlichen Seite.

1. In der 1ten Travée vom Chor aus.
   1. Ein Pelikan auf seinem Nest.
   2. Zwei geflügelte Ungeheuer.
   3. „ „ „
   4. Ein Löwe mit Spruchband.
   5. Eine gewaltige Fratze.
   6. Zwei geflügelte Ungeheuer.
   7. „ „ „
   8. Ein Adler einen Hasen tötend.
2. In der 2ten Travée.
   1. Ein Stier mit Spruchband.
   2. Zwei Wasservögel.
   3. „ „
   4. Ein Hund.
   5. Ein Wasservogel.
   6. Zwei kämpfende Drachen.
   7. „ „ „
   8. Zwei kleine Drachen.
3. In der 3ten Travée.
   1. Blasender Engel.
   2. Zwei Drachen.
   3. „ „
   4. Ein Adler mit Bandrolle.
   5. Ein Löwe.
   6. Zwei Ungeheuer mit Menschenköpfen.
   7. Zwei Ungeheuer mit Menschenköpfen.
   8. Ein Ungeheuer mit zwei Körpern.

II. An der südlichen Seite.

In der 1ten Travée vom Chor aus.
1. Ein Drache.
2. Stilisierte Gesichter mit Weinlaub.
3. Stilisierte Gesichter mit Weinlaub.
4. Ein Adler.
5. Geflügeltes Ungeheuer.
6. Zwei Wasservögel.
7. „ „
8. Ein geflügeltes Pferd.

In der 2ten Travée.
1. Ein Ungeheuer mit zwei Köpfen.
2. Zwei geflügelte Ungeheuer.
3. „ „ „
4. Mann und Weib einander liebkosend, beide in einem Fischschwanz endigend.
5. Geflügelte Ungeheuer.
6. Zwei geflügelte Ungeheuer.
7. „ „ „
8. Ein Hund.

In der 3ten Travée.
1. Ein Mönch mit Hund.
2. Zwei geflügelte Drachen.
3. „ „ „
4. Ein Engel eine Krone haltend, mit der Inschrift: DIZ · ISTER · HENGEL · SERAFYN.
5. Die hl. Cäcilie und Valerian mit der Inschrift: CECILIA · ET · VALERIANUS [1].
6. Zwei geflügelte Ungeheuer.
7. „ „ „
8. Ein Mann ins Horn blasend.

Die Reliefs sind, der bedeutenden Höhe wegen, stark aus dem Stein herausgearbeitet. Auch hier ist der Raum außerordentlich geschickt ausgenützt worden. Nur die Cäcilia und Valerian drängen sich etwas in dem engen, dreiseitigen Zwickel.

Reliefs am Wimperg des Hauptportals.

I.

In den ungleichseitigen Dreiecken an den Außenseiten der Doppeltreppe, die zum Thron Salomos (vgl. p. 33) hinaufführt, befindet sich eine Anzahl Reliefdarstellungen. An den sieben Stufen des linken Treppenflügels sind angebracht:

1. Ein Löwe mit einem kleineren Tier spielend.
2. Phantastische Vögel.
3. " "
4. Ein Drache.
5. Ein Hase und ein anderes Tier, dessen Kopf zerstört ist.
6. Geflügeltes Tier.
7. Ein Teufel.

An der rechten Treppe finden sich in derselben Reihenfolge:

1. Ein Pferd.
2. Ein Hund an einem Knochen nagend.
3. Ein Schwein.
4. Ein Rind.
5. Ein Teufel und ein unkenntliches, kleineres Geschöpf.
6. Ist zerstört.
7. Ein geflügelter Stier.

II.

Von den treppenförmig sich erhebenden Nischen und den Seiten des Wimpergs werden Flächen begrenzt, die Aehnlichkeit mit einem dreischenkligen Dreieck haben doch mit dem Unterschied, daß die Basis noch einmal nach oben gebrochen ist. (Die Seiten sind 110 cm lang, jede Hälfte der Basis 30 cm.)

An der linken Seite sind im Relief dargestellt:

1. Ein nackter Mann einen Löwen tötend.
2. Geharnischter Ritter zu Pferde mit der Lanze im Arm.
3. Eine Früchte essender Teufel.
4. Ein Raubvogel, der auf kleineres Getier stößet.
5. Ein Teufel.

An der rechten Seite:
1. Ein ins Horn blasender Teufel.
2. Ein an einem Baum nagender Bock.
3. Dämon mit Schild und Lanze, auf dem Unterleib eine gewaltige Fratze.
4. Ein ins Horn blasender Halbmensch.
5. Ein Teufel.

Die Reliefs in den Pfeilerfüllungen der Westfassade.

In der Höhe des ersten Geschosses der Westfront finden sich in den Zwickeln der Füllungen der acht großen Pfeiler eine ganze Anzahl Reliefs, die Tiergestalten und phantastische Geschöpfe zeigen. Das folgende Verzeichnis beginnt mit den Reliefs des Nordturms. Die Himmelsrichtung, in welcher sich das Relief befindet, ist durch den vorgesetzten kleinen Buchstaben bezeichnet.

o } 1. 2. } Drache.

3. Die Hand Gottes im kreuzförmigen Nimbus.

n { 4. Der Mond.
3. Die Sonne.
6. Teufel.
7. Halbmensch.
8. Weibliche Gestalt, unten in einen Tierkörper ausgehend, einen Blumenkranz

o { in der Hand haltend.
9. Halbmensch mit kurzem Mantel bekleidet.
10. Halbmensch, Stierkörper, die Trompete blasend.

n { 11. 12. } Phantastische Blumen.

13. Teufel einen nackten Steinmetz an den Haaren packend.
14. Zwei Hunde mit dem Rücken gegeneinander.
w {
15. Fledermaus.
16. Frauenkopf mit zwei Körpern.

w } 17. 18. } Ungeheuer.

19. Ein Kentaur mit einer Harfe.
n { 20. Ein Kentaur mit einer Glocke.

21. Vier musizierende
w { 22. Halbmenschen mit
23. einer Harfe, Trommel
24. und Trompete.
25. Ein Mann, auf galoppierendem Pferd.
26. Ein Baum mit zwei Krokodilen.
n { 27. Ein von einem Hund verfolgter Hase.
28. Ein Mann, der einen Hund schlägt.
w { 29. Zwei mit einander
30. kämpfende Kentauren
31. Ein Ungeheuer, auf welches ein Mann einen Pfeil abschießt und ein Drache mit Menschenkopf.
s { 32. Kentaur mit Schild und Lanze.
33. ?

n { 34. Tier mit zwei Körpern.
35. Zwei kämpfende Drachen.
36. Zwei Hunde auf der Mäusejagd.
37. Geflügelte Drachen.

w { 38. Zwei mit den Hälsen in einander verschlungene Drachen.
39. Halbmensch mit Schwert und Schild.
40. Drache.

s { 41. Kämpfende Tiere.
42. Zwei Männer.
43. ?
44. ?

n { 45. Kämpfende Gewappnete mit Schlangenleibern.
46. Nackter Mann mit Schlangenleib in jeder Hand eine Glocke.
47. ?

w { 48. Ein Drache hinten mit Menschenkopf.
49. Geflügeltes Ungeheuer mit langem Schwanz.
50. Große Fratze.

n { 51. Geschöpf mit Hundskopf und großen Flügeln.
52. Ungeheuer.
53. Vermummte Gestalt mit Tierkörper.
54. Ein die Trommel schlagendes Geschöpf.

n { 55. Raubvogel, einen kleineren Vogel in den Krallen haltend.
56. Halbmensch mit Schild und Schwert.
58. ?

w { 59. Zwei geflügelte Ungeheuer.
60.
61. Mann, vor ihm ein Tier.

s { 62.
63. Tiere mit Menschenkopf.
64.
65. ?
66. Ein auf einem Ziegenbock reitender Mann.

w { 67. Fratze und vogelartige Gestalt.
68. Ein ins Horn blasender Mann.

s { 69. Zwei geflügelte Wesen mit Menschenkopf.
70.

o { 71.
72. Geflügelte Tiere.

w { 73. ?
74. Frau mit Fischleib.
75. Geflügeltes Tier.
76. Halbmensch mit Schild.
77. Halbmensch.
78. Löwe mit einem unkenntlichen Körper vor sich.
79. Geflügeltes Tier.
80. Ein Hund.

o { 81.
82. Zwei geflügelte Tiere mit gekröntem menschlichen Antlitz, das eine bärtig, das andere unbärtig.
83.

s { 84.
85. Geflügelte Tiere.
86.

o { 87. Ein Schwein. (?)
88. Unkenntliches Tier.

Kapitäle.

Die überwiegende Zahl der Säulen und Pfeilerkapitäle hat als Ornament Laubwerk. Die sonst gerade in der romanischen Stilperiode und während der Uebergangszeit häufig vorkommenden, figürlichen Darstellungen fehlen fast gänzlich. Nur das im Innern des nördlichen Querhauses an der Ostwand stehende, romanische Portal hat Säulenkapitäle, die mit Sirenen und Halbmenschen geschmückt sind.

Aus der gotischen Zeit sind an der Außenseite des Langhauses drei aus dem letzten Drittel des XIII. Jahrhunderts stammende Kapitäle zu erwähnen. Zwei befinden sich am südlichen Langhaus an den nicht viel mehr wie eine Lisene hervorspringenden Pfeilern unter dem ersten und zweiten Strebebogen (vom Chor aus gerechnet). Das eine zeigt einen weitausschreitenden Mann mit derbem Antlitz, das andere ein Weib mit zwei Schlangen an der entblößten Brust. Ferner ist auf einem Säulenkapital unter dem ersten Strebebogen eine Szene auf einem Weinberg geschildert. Ein Mann schneidet Trauben, ein zweiter ißt welche, und bei einem dritten verursacht der allzureichliche Genuß der Reben Bedürfnisse, die der Geplagte in der ungezwungendsten Art zu befriedigen weiß.

Im Innern des Langschiffs sind an zwei Fensterpfeilern des nördlichen Triforiums, wiederum Szenen auf einem Weinberg dargestellt. Die eine zeigt zwei in Streit geratene Männer und einen eine große Last Trauben davontragenden Mann, die andere zwei sich zwischen den Rebstöcken vor einem Mann versteckende, nackte Frauen. Am südlichen Triforium findet sich die Vertreibung Adams und Evas aus dem Paradies (Fenster 1 Pfosten 6) und ferner ein Kapitäl, dem als Ornament langgestrecktes, wurmartiges Getier dient, das sich um das Kapital windet und ihm mit großem Geschick angepaßt wird (Fenster 3, Pfosten 2).

Am berühmtesten jedoch sind zwei Kapitäle geworden, deren Skulpturen unter dem Namen „die Tierprozession" bekannt geworden sind.

Specklin erzählt: Auch wurden die obern fenster um den neuen Gang gemacht. Daran hat ein Steinmetz gegen die predigtstuhl über, an einem capital damals gehauen, wie noch zu sehen, einen seltsamen possen, damit er der geistlichen andacht vermeldet, wie man einen fuchs zu grab trägt, ein wolf das kreuz, ein wildthiere messe hält, eine katze hält das licht, ein esel ohne maul singt das evangelium, ein bär giebt das weihwasser (*Reuss*, 1167).

Die Beschreibung ist nach den Abbildungen bei *Schadäus*, *Fischart* und *Nass* dahin zu ergänzen, daß die Bahre des Fuchses von einem Eber und einem Bock getragen wird. Zwischen diesen beiden Tieren hockt ein Affe auf dem Boden. Ferner trägt die Kerze nicht eine Katze sondern ein Hase.

Der Inhalt dieser Darstellung war weniger gegen die Kirche gerichtet als gegen die niedere Geistlichkeit, die illiterati, welche mehr als einmal den Spott des Mittelalters herausgefordert haben. Es ist erklärlich, daß besonders zu der Zeit der Reformation die Prozession mehrfach Erwähnung fand. *Theodor Beza*[4] und *Wolf*[5] *von Rheinzabern* beschrieben sie, und von beiden Parteien, von der evangelischen, wie von der katholischen, ist sie zum Gegenstande einer satirischen Erklärung gemacht worden. Die boshafteste („une explication également cynique et impertinente" *Grandidier*) ist diejenige von *Fischart*.[6] Nach Klagen über die eingerissene, kirchliche Verderbnis beginnt der Dichter:

> So seh man hie diss schlecht Exempel,
> Von den Bildhawern, die diss haben,
> Zu Strassburg ghawen und erhaben.
> Im Münster vor 3oo Jahren,
> Da im schwang Roemisch Missbräuch waren
> Denn da die Priester wurden Stöck,
> Mussten die Stein eh Reden keck,
> Vnd weil das Roemisch Priesterthum
> Gern gieng mit Puppen Bildern um,
> Han die Kunstler, die diss angaben
> Ihnen zum Spiegel ein gegraben:

Fuchs.
> Man trägt allhie für Heilgthum,
> Ein schlaffend Fuchs, deut Heuchelthum:
> Die Heuchler stellen sich wie Schaaf,
> Vnd lawren, wie ein Fuchs im Schlaf.
> Allweil der Fuchs sich schlaffend stelt,
> Hielt ihn für G⁻nssfromm die gantz Welt,
> Vnd frass die Gänss doch stets gantz hel,
> Wie das Opffer die Pfaffen Bel;
> Aber da man ihn heut erweckt,
> Da wird sein Fuchslist klar entdeckt,

Vnd will nun nicht mehr scheinen schlaffend,
Sondern mit Gwalt als beilügt straffend:
Das ist zu Rom der Höllisch Fuchss
Aller Füchss Vatter, der Welt crux:
Der durch sein Ranck so hoch kam an,
Dass ihn anbettet jeder man,
Vnd ihn für Heyligthum vmtrug,
Weil er den Schwantz durchs Maul ihn zug
Vnd konnt in seiner Fuchsgrub träumen
Gesetz, die sich zum Schein fein reimen:
Heut, da man seine Füchss thut kennen,
Vnd will den Fuchs aus der Höll brennen,
Da wüt er, und wehrt sich, zuletzt
Wie ein Wild, das schon stecht im Netz.
Nun diss Römisch Fuchss Heuchelthum
Tragen zween sauber Gsellen vm,
Ein wüst Saw und ein stinckend Bock.
Ist immer schad vmb den Chorrock.

Sau. Die Saw zeigt an die Epicurer
Die Pfrundsäw, Mastschwein, Bauchknecht, Hurer,
Wie gemeinlich ist der Pfaffenheerd,
Die dieses Heyligthums sich nehrt.
Hinder demselben Schwein ihr finden

Die Hündin Die vnverschampt Besti die Hündin,
(Affe). Welche dem Schwein greifft vntern Schwantz
Für solche Braut ein rechter Krantz,
Das deut die Pfaffenkrawerin,
Ehschänder und Leibkellerin,
Die ihnen heissen ihr liebs Pfründlin
Durchschwenden mit den Banckartshündlin.

Der Bock. Der Bock deut die hoch Geistlichkeit
Mit der stinckenden Fleischlichkeit,
In ihren zweyhornigen Hüten,
Wie die stoltz Böch in der Heerd wüten
Vnd alles vmb sich her erstäncken,
Vnd die Kirch zum Bockstall erdenken.

Der Bär. Der Bär tregt den Weyhkessel vor,
Vnd einen Springwadel empor.
Welches deut den Grimm vnd Beerentratz,
Dadurch man schirmt die Menschen-Gsatz,
Vnd besprengt die Leut mit Blut,
Wann man nicht ihren Willen thut.
Noch ist der Fuchs nicht gnügt am Beeren,
Sondern, sich bass noch zu erwehren,
Muss ihm der Wolff das kreutz vortragen.

— — — — — — — — — — —

Der Hase. Folgends, so trägt der Haas die Kertzen,
Welchs duten soll die liechte Hertzen:
Aber was hilffts liechts Hertz die Haasen,
Wann sies aus Forcht nicht scheinen lassen?
Also ists mit den Gelehrten gstanden,
Die wohl das Liecht etwas erkandten,
Aber auss blödem Haasen hertzen
Liessen die Finsternisse sie herschen.

	Noch ist kein Bild das besser trifft,
	Welches man gleich kennt, ohn diese Schrifft
Esel.	Als der Messesel mit seinem Kelch,
	Der von den Todten hat befelch
	Dass er sie auss dem Fegfeur murmel
	Vnd vor dem Altar umher turmel

Hirsch. Sonst die es für ein H i r t z ansehen,
Der Meynung ist auch nicht zu schmähen,
Dann ihm abbrochen ist das Ghürn,
Welches sonst dem Hirtzen sterckt das Hirn,
Vnd wider das Gifft ihn verwart,
Diss deut, dass die Messbrüller Art
Kein Hirn noch Witz hat unterm lesen,
Vnd als vergifften mit den Messen:
Sind doch gantz stolze Hirtz dabei,
Vnd brünstig zu all lastern frey.
Wem darff man demnach erst ausslegen.
Der Esel Den E s e l m i t s e i n e m B u c h zugegen?
mit d. Buch. Die weil je keiner nicht verneint,
Dass man hie die Choresel meint;
Welche das Predigamt hand gemacht
Zu eim Geheul bei Tag und Nacht.
Diesem schönen Epistel Esel
Katze. Dient eine K a t z für ein Pultbrett Sessel,
Welchs deut die schleckhafft Klosterhatzen
Die Kätzjäger, die heuchlisch Fratzen,
Die vornen lecken, hinden kratzen
Vnd durch den Bettel die Leute schatzen.
Auch haben sich gantz unverschampt
Eindrungen in das Predigtampt.
Verführen durch süss Wort vnd schwetzen
Vndschuldig Hertzen zu ihren Gesetzen,
Treiben von Keuschheit viel Geschnatter,
Vnd rammeln doch wie Mertzenkatter.

Auch soll es hie befrembden kein,
Die falsch Kirch durch Thier angbildt sein
Weil nach S. Johannis Verstand
Ihr höchst Haupt wird ein Besti gnandt.

Im entgegengesetzten Sinn ist die Erklärung des *Johann Nass,*[1] der „auch seine Naß in dieses Werck gestossen, seinen geyffer anobgedachtis H. Fischarts Außlegungen geschmiert" (*Schadaeus*). Nach ihm gehen „dise Bilder nit auff die vergangne Zeit deß gebawten Münsters zu Straßburg, sondern seyn eine Prophecey, vnnd hat es etwas künfftiges bedeutet, nemlich die Antichristische viehische Religion, wie man jetzt vor Augen sihet und hernach folgend besser erklärt und recht gründtlich außgelegt wird."

	Die stinckend Böck und wüsten Säw, Des Antichrists Botn alt und new Scropha zu Wittemberg bekandt, Die trewlos Nunn, der Kloster Schandt
Wolf. Bær.	Die reissend Wolff und fressig Beern Gehn vorn daher mit falschen Lehrn. Weyhwasser und Tauff sie weg tragen, Für Kirchen Creutz und Bilder jagen,
Hase.	Die Gottesförchtigen Haesslein zag Mit Wahrheits Licht gehn hinden nach. Die Saw dem Bock hilfft Falschheit tragen, Allein der Glaub liegt auff dem Schragen

Esel.	Die Esel teutsche Mess thun lesen, Ihr Kelch ist Grewels voll gemessen,
Hirsch.	Der Hirsch verloffen Mönch bedeut, Aposiaten und trewloss Leut.

Fuchs. Diss Thier vnd Fuchs, nun merck mich recht,
Ist Sathans vnd der Ketzer Knecht
Vnd heist zu teutsch, allein der Glaub,
Ist aller Tugend Mord und Raub.

Vnd merck in Summa Summarum,
So ist das gantze Lutherthum
Durchaus vom bösen Geist erdacht,
Von alten Ketzern aufgebracht.

Ja auch die alten frommen Christen
Mit ihren Künsten solches wüssten,
Habens in Stein und Holtz gehawt,
Wie mans noch klar vor Augen schawt.

Im Jahre 1685 wurden die Skulpturen durch einen katholischen Steinmetzen abgemeißelt, „qui voulut par là anéantir cet opprobre de la Religion" (*Grandidier*, p. 268). Etwa 40 Jahre später sollten sie noch einmal einem Straßburger Bürger teuer zu stehen kommen. Der Pedell der Universität, Peter Tschernein, hatte in seinem kleinen Bücherladen bei der Thomaskirche, einen Abdruck der Tierprozession einem katholischen Schüler verkauft. Dieser denunzierte ihn und Peter Tschernein wurde sofort verhaftet. Da der Kardinal Rohan strenge Bestrafung verlangte, wurde am 10. Juni 1728 ein dementsprechendes Urteil gefällt.[6] Es hieß in der Begründung, daß es zwar wahr sei, daß sich derartige Bilder in der Kathedrale befunden hätten, und daß Tschernein auch die Holzschnitte nicht verfertigt habe, schuldig sei er jedoch, weil er sie öffentlich feilgeboten und das noch dazu am Tage nach der Prozession „dont l'auguste solennité et magnificence choque les esprits faibles parmi les luthériens." Er wurde verurteilt, „à faire amende honorable nu den chemise, la corde au col, tenant en main une torche de cire ardente du poids de deux livres au devant de la porte principale de la cathedrale, ou il sera mené par l'exécuteur de la haute justice: et là étant nue tête et à genoux déclarer, qu'imprudemment et comme mal avisé il a tenu dans sa boutique exposé en vente et debite des susdites Estampes; qu'il s'en repent et en demande pardon à Dieu, au Roi et à justice; ordonne en outre, que lesdites Estampes seront brulées par les mains du bourreau en la présence de l'accusé devant la dite porte de la cathedrale et a été ledit Thernin (!) banni a perpétuité de la ville et de sa jurisdiction à lui enjoint de garder son ban sous les plus grandes peines et condamné en tous les déspens."

Aus der Zeit der Renaissance stammen fünf zierliche Kapitäle, deren Platz am Münster bis jetzt noch nicht festzustellen war. Nur die Trümmer von zwei Säulen sind im Frauenhaus aufbewahrt, jedoch sind von sämtlichen Kapitälen Abgüsse genommen worden. Sie sind geschmückt mit zierlich gearbeiteten, kleinen Figürchen, die einen Bauerntanz, einen Amorettenzug, eine Gruppe von Kriegsknechten oder Satyrn darstellen.

Wasserspeier.

Die große Zahl der Wasserspeier einzeln zu beschreiben, wäre eine verlorene Mühe. Nur die Abbildung könnte eine Vorstellung geben von diesen abenteuerlichen Tiergestalten, die den ganzen Bau bevölkern. Einzelne besonders bemerkenswerte seien indessen hier angeführt.

Romanisch und somit die ältesten sind zwei am Giebel des nördlichen Querhauses angebrachte Löwenköpfe.

Die Verteilung der Wasserspeier am Langhause ist derart, daß an jedem Strebebogen und Strebepfeiler vier angebracht sind, einer am Hauptschiff, am oberen Ende des Strebebogens, zwei unter den die Strebepfeiler krönenden Nischen und der vierte am Strebepfeiler selbst. Ein Unterschied in der Behandlung macht sich bei den Wasserspeiern unter den Nischen des ersten und zweiten Strebepfeilers bemerkbar; sie sind (2 Hirschköpfe und ein Kalb, der vierte ist ganz erneuert) naturalistisch gearbeitet, während bei den folgenden, jüngeren Strebepfeilern eine mehr stilisierende Auffassung bemerkbar wird.

Ein eigenartiges Motiv bietet ein Wasserspeier am ersten Pfeiler des nördlichen Langhauses. Er stellt das Haupt eines Mannes dar, dem sehr übel zu Mute ist, zu beiden Seiten werden die Halbfiguren zweier teilnahmsvoller Freunde sichtbar, die ihm mitleidig den Kopf halten.

Der größte unter allen Wasserspeiern befindet sich ebenfalls am nördlichen Langhaus, er ist jetzt durch die Martinskapelle verdeckt; seine Länge beträgt 1 m 80 cm.

Auch dekorativ ist an mancher Stelle die Form des Wasserspeiers angewandt. So findet er sich lediglich als Abschluß an den vier Eckpunkten der Helme auf den Nischen der Strebepfeiler. Im kleinen Maßstabe sehen wir wieder die abenteuerlichsten Gestalten ausgeführt, welche die mittelalterliche Phantasie ersinnen konnte. Ein symbolischer Sinn liegt nur bei einer einzigen Darstellung (Nische des zweiten Strebepfeilers) zugrunde, es sind dort die vier Tiere der Evangelisten angebracht.

Ebenfalls dekorativ sind die senkrecht stehenden Wasserspeier, über der Apostelgalerie.

Aus neuerer Zeit stammen die Wasserspeier[2] an den Arkaden der Süd- und Nordseite des Langhauses. Gegen Ende des XVIII. Jahrhunderts (1777-78) wurden diese Bauten zur Verdeckung der Buden am Münster errichtet. Zu einer Zeit wo überall das Rokoko tonangebend war, konnte die Straßburger Bauhütte noch in diesen gotischen, im verhältnismäßig reinen Stil erbauten Arkaden die Lebenskraft ihrer Tradition beweisen. Es mag wohl manchen Widersacher gegen die altmodische Stilrichtung gegeben haben, vielleicht hat der Erbauer an sie gedacht, als er an der Außenseite der mit den Arkaden zugleich errichteten Kapelle an der Südseite vier Wasserspeier anbrachte, die Tierköpfe mit merkwürdig menschlichem Ausdruck vorstellen und allesamt eine Rokokofrisur tragen. Es sind Rinderköpfe, ein männlicher mit einem gewaltigen Haarbeutel und drei weibliche, die kunstvolle, mit Federn geschmückte Coiffuren tragen. Die Namen der Haartrachten dieser drei Damen sind: la petite palissade, la double palissade, und die dritte Frisur ist à la grecque. Die Trägerin der petite palissade schielt außerdem.

Am meisten dem Wind und Wetter ausgesetzt, haben die Wasserspeier den größten Unbill der Witterung ertragen müssen. Sie gehören zu den am schlechtesten erhaltenen Teilen des Münsters. An der Südseite ist eine große Anzahl durch ziemlich getreue Nachbildungen ersetzt worden.

Konsolen etc.

Von Konsolen in Gestalt großer Fratzen finden sich sechs in den Ecken, die durch die großen Pfeiler der Westfassade gebildet werden. Ursprünglich zum Tragen von Statuen bestimmt, sind sie jetzt derselben beraubt; nur zwei über dem Hauptportal erfüllen noch ihren alten Zweck. Auch an jedem Fenster des Langschiffs sind je zwei Tier- oder Menschenköpfe angebracht, die aber die Funktionen des Tragens nicht zu erfüllen haben; sie sind vielmehr die Ausläufer und Abschluß der die Fenster umgebenden Wimperge. Demselben dekorativen Zweck dienen die Ausläufer über dem Umgang oberhalb der großen Fenster des Südturms, hier hat die Spätgotik in anmutigster Weise Tier- und Pflanzenornament vereinigt. Schließlich ist noch jedem der untersten Wasserspeier an den Strebepfeilern des Langhauses eine Konsole als Stütze beigegeben. Die Stirnseite, sowie die beiden Wangen derselben ist mit Pflanzen- und Tierornament geschmückt.

Eine große Anzahl kleiner Figuren ist als Krönung der Fialen und Türmchen verwandt worden. Aus der romanischen Zeit und der Frühgotik gehören hierher ein Hund auf der Strebemauer des südlichen Querhauses und ein Löwe auf dem ersten Strebepfeiler der Südseite.

An der Front sind einzelne Fialen der Pfeiler mit der Figur

des Storchs geschmückt, der namentlich in früherer Zeit in Straßburg so häufig war, daß er fast zu einem Art Wahrzeichen der Stadt wurde. Die Fialen am Fuß des Südturms gehören der spätgotischen Zeit an; ihr Schmuck sind Affen und kleine Teufel. Aus der Renaissance stammen eine Anzahl kleiner, jetzt im Frauenhaus aufbewahrten Statuen. Es sind Frauen mit Wappenschildern, Krieger, mythologische Gestalten und vielleicht auch Werkmeister mit ihren Steinmetzzeichen.

Die Treppen an den Türmen und am Langschiff sind schmucklos, eine Ausnahme bildet die spätgotische Treppe an der Südseite des Südturms. Die Wange derselben schmückte ein Relief, das einen Mann, in der Hand eine Palme, und drei Ungeheuer zeigt. An der Ostseite des nördlichen Querschiffs findet sich eine Treppe aus der Renaissance. Den oberen Abschluß derselben bildet ein Relief, darstellend ein Meerweibchen zwei Schilder haltend. Auf einem größeren Schild daneben steht die Jahreszahl 1571.

Die Wandungen der Türen sind an den Portalen der Westfassade mit Tiergestalten oder auch Laubornament geschmückt, die den Uebergang der senkrecht aufsteigenden Pfosten in die Horizontallinie erleichtern sollen.

Aus spätgotischer Zeit (1488) sind die beiden, demselben Zweck dienenden Figürchen an der kleinen Tür an der Südseite des Langhauses; es ist ein Baumeister und ein Engel, beide, wie es ihre Aufgabe mit sich bringt, in gebückter Haltung.

Von Zerstörungen der Skulpturen ist bis jetzt wenig zu berichten gewesen. Die Reformation hat nur die für den Kultus bestimmten Statuen vernichtet, die anderen Bildwerke blieben verschont. Schwerer war der Verlust, den das Münster im Jahre 1682 durch den Abbruch des Lettners erlitt; er wurde der Vergrößerung des Chors zum Opfer gebracht. Aber noch bis zur Revolution kann für das gesamte Münster gelten, was *Wimpheling* von dem Turm und der Westfront sagt: „quae caelaturis, statuis, simulacris variarumque rerum effigie omnia Europae aedificia facile excellit."

(Epit. rer. Germ. cap. 67.)

Anmerkungen zu Kapitel I.

[1] Vgl. den Abschnitt «Münstersagen» in «die Sagen des Elsasses von Aug. Stöber, Straßb. 1852».
[2] Siehe die ausführliche Zusammenstellung bei Kraus, Kunst und Altertum im Elsaß, Straßb. 1876. I, p. 341 ff.
[3] Revue d'Alsace 1850, p. 255 ff.; 1851. p. 97 ff.; 1852, p. 1, 69, 519 ff. Alsatia 1852. p. 206 ff. 1856/57. p. 146.
[4] Die Schriften über Specklin, zusammengestellt bei R. Reuss, Fragments des anc. chroniques d'Alsace, II, Les collect. de D. Specklin, p. 4.
[5] Der langatmige Titel von Schadaeus' Münsterbuch bei Kraus, l. c.
[6] Schadaeus, p. 5.
[7] Elsässische Chronik von Jakob v. Königshofen, hrsg. v. J. Schilter, Straßb. 1698, § 5, Anm. 9.
[8] «Aus Hecklers Aufzeichnungen» bei Kraus l. c., p. 699.
[9] Straßburger Münster- und Thurn-Büchlein von G. H. Behr. Straßb. 1749. p. 9.
[10] Schweighäuser. Descript. nouv. de la Cathédrale de Str. 1780. p. 35.
[11] Grandidier. Essais historiques et topographiques sur l'Eglise Cathédrale. Strasb. 1782, p. 240.
[12] Siehe Kraus, Die christlichen Inschriften der Rheinlande. B. II.
[13] Die Portale, gestochen von J. Brunn. Abbildgn. auch im Schadaeus.
[14] I.a panagia du dôme de Str. G. Save 1877. Str.
[15] Roh. de Fleury. La ste. Vierge. Etude arch. et icon. Par. 1878 B. II.
[16] Annales archéol. T. XII. p. 310.
[17] Vgl. Marien Himmelfahrt, hrsg. von Weigand in Haupt Ztschrft. f. deutsches Altertum. Lpzg. 1848. B. V, p. 515 v. 1164 ff. und Das alte Passional ed. Hahn, Frkfrt. 1845, p. 130 v. 20 f.
[18] Reuss, l. c. n°. 1096.
    Also Bischof Conrad zu Straßburg den vordern thurn am Münster auffuhrte nach der visirung, so noch vorhanden ist, die Erwinus v. Steinbach gestellt, der eine Tochter hatte, Savina genannt, hat diese Savina Johannes bildniß auf der gräte, so ob der thüre steht, mit eigener Hand ganz künstlich von stein gehauen, daran sie diese verse gehauen hat: Gratia etc.
[19] Rev. d'Alsace 1850. p. 250 ff.
[20] Schreiber (das Münster zu Straßb. 1827) sagt irrtümlich: «Sollte in der lieblichen Karyatide, zu Salomo's Füßen, nicht vielleicht die Künstlerin sich selbst abgebildet haben?»
[21] Ueber die Erneuerung der Inschrift, vgl. Kraus. l. c. p. 463.
[22] Falsch Ch. Gerard in L'Echo artistique d'Alsace 1877, p. 49. «Le regard assuré et presque souriante de la foi», und ebenso Viollet le Duc in «Dict. de l'architecture française». B. V. p. 158.
[23] Kraus, l. c. p. 463.
[24] Dieselbe Anordnung des Haars in den Prophetenköpfen auf den Wandgemälden aus dem Hansasaal des Rathauses zu Köln. jetzt im Museum Wallraf-Richartz, Saal II, Nr. 205—208.
[25] Behr, p. 39 ff., vgl. Anm. 9.
[26] Behr, p. 28 u. p. 64 ff.
[27] Vgl. Schnaase, Geschichte d. bild. Künste, B. VI, p. 512.
[28] Bode nimmt hier zwei verschiedene Künstler an, vgl. «Gesch. d. deutschen Plastik», Berlin 1887, p. 187.

Anmerkungen zu Kapitel II.

[1] Kraus, Kunst u. Altertum in Els.-Lothr. p. 492 hält diese deutsche Inschrift für die älteste am Münster und setzt auf Grund derselben für die Entstehungszeit der Skulpturen etwa 1275 an.
[2] Vgl. Chapuy. Cath. françaises. livr. 10—12 p. 39.
[3] Abb. bei Kraus l. c. p. 475 ff. — Schadeus p. 58, (nicht in allen Exemplaren).
[4] Theodori Bezae Vezelli epistol. theol. liber unus, III ed. Hannoverae 1527. 81te Epistel p. 269—271.
[5] Lectiones memorabiles et reconditae Lauingae 1600. Bd. I, p. 551—553. Bd. II, p. 909 ff.
[6] Etude sur Jean Fischart p. J. Besson. Paris 1889, p. 350.
[7] Abcontrateyhung und Außlegung etlicher seltsamer Figuren.... besser erklärt und recht gründlich ausgelegt durch J. B. Nass Ingolstat 1588.
[8] Vgl. Rev. d'Alsace 1859, p. 41.
[9] Abh. bei Piton. Strasb. illustre. pl. 4, no. 21. u. Rev. d'Alsace 1854 «Un chapitre inédit de la cath. de Str. par Eysen.»

ANHANG.

Der Oelberg.

In einer vor der Südseite des Münsters gelegenen Kapelle ist jetzt ein Oelberg[1] aufgestellt, der ursprünglich einer anderen Kirche zu eigen war. Im Jahre 1411 war ein Beinhaus auf dem neu angelegten Friedhof der Thomaskirche erbaut worden. Unter den zahlreichen Bürgern, die Stiftungen zur Ausschmückung des Gebäudes und seiner Umgebung machten, befand sich auch ein reicher Straßburger Patrizier, Nikolaus Röder von Tiersberg. 1498 vermachte dieser testamentarisch eine größere Summe zur Errichtung eines Oelbergs in der Nähe seines Grabes, an dem jährlich das Kapitel eine Gedächtnisfeier abhalten sollte. Gemäß dem Willen des Verstorbenen wurde ein Oelberg dort angelegt, mit Statuen geschmückt, und jedes Jahr am 22. und 28. Dezember feierte das Kapitel das Andenken des Toten. Aber schon 1530 mußten infolge der Reformation die Gruppen entfernt werden. Sie wurden in der Elisabethgasse in der „Sammlung der Spiegler", einer wohltätigen Stiftung, aufbewahrt. Hier erlitten sie im Laufe der Zeit derartigen Schaden, daß 1667 beschlossen wurde, den Oelberg mit Einwilligung der Zunft zum Spiegel in das Münster zu überführen. Anfänglich erhielt der Oelberg seinen Platz in der Katharinenkapelle, später

---

[1] Unrichtig Grandidier l. c. p. 343, dagegen Schneegans, l'église de St. Thomas, Str. 1842 p. 73 u. p. 232. u. Archives de la ville de Strasb. Protoc. de la chambre des XIII. 1667. p. 286.

in der seit 1682 eingerichteten heiligen Grabeskapelle in der Krypta. Während der Revolution ist er auch von dort entfernt worden und hat in der oben erwähnten Kapelle den jetzigen, höchst ungünstigen und dem künstlerischen Wert der Skulpturen nicht entsprechenden Platz erhalten.

Der Oelberg besteht aus freistehenden Skulpturen und Reliefgruppen.

Zu den ersteren gehören Christus, knieend, im Gebet vor dem auf dem Felsen erscheinenden Engel und die drei schlafenden Jünger.

In Relief, Flach- und Hochrelief sind die in den Garten dringenden Kriegsknechte dargestellt. Der Hintergrund zeigt die Häuser und Türme von Jerusalem.

Die Gestalten des Christus und der Apostel machen nicht den Wert dieser Skulpturen aus. Es sind befangene Figuren von schwächlichem Ausdruck und mit ungeschickten Bewegungen. Ganz anders die Gruppe der Kriegsknechte. Hinter dem Bretterzaun, der den Garten einhegt reiht sich eine Fülle lebenswahrer Gestalten aus dem Ende des XV. Jahrhunderts.

Von der Burg herunter zieht sich in langer Reihe der Zug der Reisigen und des Volkes. Ein vornehmer, alter Bürger ist der letzte, der schon unten angelangt ist, sich aber noch weit vom Eingangstor entfernt befindet. Unter dem Helm sieht das glattrasierte Gesicht hochmütig hervor, Stricke zum Binden der Gefangenen führt er mit sich. Neben und hinter ihm andere Bürger, dann wieder ein Kriegsknecht in voller Rüstung, gepanzert und mit dem Spieß im Arm, ein anderer im reichgestickten Wams und mit turbanartiger Kopfbedeckung, kurz, ein Durcheinander von allen möglichen Trachten und Bewaffnungen. Ganz vorn, schon im Eingangstor des Gartens, neben einem baumlangen Kriegsknecht, Judas als Wegführer.

Es herrscht ein großer Kontrast zwischen diesen Gestalten und denen des Christus und der Jünger. Will man annehmen, daß die ersteren nach dem Leben gearbeitet sind, so liegt die Frage nahe: auf welche Vorbilder gehen die Gestalten der letzteren zurück? Mag der Künstler sie auch in seiner Weise idealisiert haben, so liegt doch vielleicht die Erinnerung an etwas wirklich Gesehenen der Darstellung zu Grunde. Da drängt sich unwillkürlich die Erinnerung an jene Prozessionen und Festzüge auf, bei denen bestimmte Zünfte die einzelnen Szenen der Passion darstellten.

So wird erzählt, daß in Béthune[1] die Sänften- und Sackträger als Kriegsknechte bei der Gefangennahme figurierten, die Bartschneider und Haarscherer aber als Christus und die Apostel. Der Abbé Didron berichtet, wie in Spanien am Gründonnerstag die Gefangennahme Christi szenisch dargestellt wird. Der Vorhof der Kirche ist zum Garten umgewandelt. In der Mitte kniet in der Rolle des Christus ein Priester in Gebet versunken, andere Geistliche im Gewande der Apostel schlummern unter den Oelbäumen. Aus den umgebenden Straßen der Stadt tönt dumpfer Lärm herüber. Lichtschein von Laternen und Fackeln taucht auf und verschwindet. Der Tumult wird größer, die Menge, mit Stöcken und Waffen aller Art versehen, verschafft sich Eingang zum Garten. Judas führt sie. Laute Rufe nach Jesus von Nazareth erwecken die Jünger. Da erhebt sich Christus, geht den Eindringenden entgegen und bietet sich dem tobenden Volke dar.

Vielleicht haben die Priester ihre Rollen als Christus und die Apostel, und sicherlich die Sackträger die ihrigen als Kriegsknechte gut ausgefüllt, die ehrenwerte Zunft der Bartschneider in Béthune wird sich nicht sonderlich für ihre Aufgabe geeignet haben. Hat nun der Bildhauer der Straßburger Oelberggruppe Aufführungen ähnlicher Art gesehen, so mußte sich dies bei seiner aus dem Leben schöpfenden Darstellungsweise in gleichem Maße geltend machen.

Die Art der Komposition des Zugs der Reisigen läßt zweifeln, ob die Gruppierung der Massen dem Künstler nicht in der Weise gelungen sei, wie die Charakterisierung des einzelnen Mannes, und daher der leise, humoristische Zug, der sich in diesen Gruppen bemerkbar macht, ein ungewollter ist, oder ob er in bewußter Absicht eine gute Dosis Spott seiner Darstellung beigemischt hat. Zu 20 und 30 haben die tapferen Helden sich aufgemacht, um Christus und die drei Apostel zu fangen. Kaum haben sie alle Platz hinter dem den Garten abschließenden Zaun. Das

---

[1] Vgl. Annales archéol. par Didron 1850, B. X und 1851, B. XI p. 36 f.

drückt sich und schiebt sich hin und her, ohne daß eine sonderliche Kampfeslust und Neigung zum Draufgehen bemerkbar wäre. Der Eine schaut sich nach seinem Nachbar um, der Andere späht über dem Zaun nach dem Gegner aus, der dritte und vierte wird mehr vorwärts geschoben, als daß er vorwärts geht; dabei sein wollen sie alle, nur nicht gerade in der vordersten Reihe.

Technisch ist von Interesse, daß die eine aus acht Personen bestehende Gruppe der Kriegsknechte aus einem Stück gearbeitet ist. Der Bretterzaun ist naturalistisch in Stein nachgebildet. Die Personen des Hintergrundes sind je nach der angenommenen Entfernung vom Beschauer in Flach- oder Hochrelief dargestellt.

Nachtrag.

1. Vor den beiden, westlichen Chorpfeilern sind zwei, jetzt heruntergenommene, kleinere Figuren aufgestellt gewesen, ein Simon mit dem Löwen und ein kleiner Mann, der den Mund weit aufreißt und nach oben schaut. Es sind rohe Steinmetzarbeiten, sie gehören dem Stil nach in die Richtung der Stadtwächter und Bauaufseher vgl. p. 19.

2. An der Fassade, etwa in der Höhe des ersten Geschosses, steht in der Ecke zwischen einem Pfeiler und der Frontwand des Hauptportals ein gepanzerter Ritter, mit beiden Händen sich auf sein Schwert stützend. Er gehört dem Ende des XIII. Jahrhunderts an.

3. Der, wenn man ihn so nennen will, unechte Krutzmann an der Ostseite des Nordturms, ist eine späte Arbeit (XVII. Jahrhundert?). Der nackte, nur mit einem Schurz bekleidete Gott legt den linken Arm auf den Rücken, während er mit dem rechten sich auf die von der Löwenhaut bedeckte Keule stützt. Die Figur zeugt von einer gewissen Kenntnis des menschlichen Körpers. Die mageren Beine und der vorgetriebene Bauch lassen auf eine Arbeit nach dem Modell schließen.

Verzeichnis der Abbildungen.

Abb. 1. Die Ecclesia und Synagoge, vor S. 1, vgl. S. 13 f.
- 2 u. 3, Taf. I. Zwei Apostel von der Engelssäule, vgl. S. 16.
- 4, Taf. II. Gekrönte weibl. Gestalt, vgl. S 17.
- 5 u. 6, Taf. III. Bauaufseher u. Stadtwächter, vgl. S. 19.
- 7, Taf. I. Jugendlicher Prophet, vgl. S. 23.
- 8, Taf. I. Königlicher Prophet, vgl. S. 24.
- 9 u. 10, Taf. I. Johannes und Maria von der Kreuzigung Christi und der Grabesengel, vgl. S. 30. (Die Abgüsse waren auf ein Brett befestigt, so daß sie in dieser Zusammenstellung aufgenommen werden mußten; der Engel ist stark restauriert.)
- 11, s. Rückseite des Titels. Eine Tugend (n. 5), vgl. S. 35.
- 12, Taf. II. Der Verführer, | vgl. S. 38.
- 13, Taf. II. Eine törichte Jungfrau, |
- 14, 15, 16, Taf. I. Kluge und törichte Jungfrauen, vgl. S. 37.
- 17, Taf. III. Gruppe 1 aus dem Fries an der Südseite des Südturms, vgl. S. 40.
- 18, Taf. II. Gruppe 4 aus dem Fries an der Südseite des Südturms, vgl. S. 41.
- 19, Taf III. Ein Diakon von dem zerstörten Lettner (?), vgl. S. 45.
- 20 u. 21, Taf. III. Zwei Baumeister vom Nordturm, vgl. S. 52.
- 22, Taf. III. Die Muttergottes vom Laurentiusportal, vgl. S. 54.
- 23, Taf. II. Relief vom Triforium, vgl. S. 62 (II, 2. Travée n. 4).
- 24, Taf. III. Relief vom Triforium, vgl. S. 62 (II, 3. Travée n. 8).
- 25, Taf. II. Relief aus einer Pfeilerfüllung der Westfassade, vgl. S. 64, n. 4.
- 26, Taf. III. Kapitäl vom Triforium, |
- 27, Taf. III. " " " } vgl. S. 66.
- 28, Taf. I. " " " |
- 29, Taf. I. Wasserspeier hinter der Martinskapelle, vgl. S. 72.
- 30, Taf. III. Wasserspeier von der Südseite des Münsters, vgl. S. 73.
- 31, 32, 33, Taf. III. Renaissancefigürchen, vgl. S. 74.
- 34, vor S. 77. Zwei Köpfe aus den Gruppen des Oelbergs, vgl. S. 78.
- 35, Taf. III. Krutzmann, vgl. S. 80.

TAFELN.

8

28

14 15 16

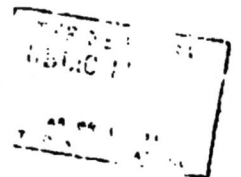

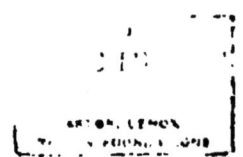

VERLAG VON J. H. ED. HEITZ (HEITZ & MÜNDEL) IN STRASSBURG.

„Studien zur Deutschen Kunstgeschichte"
(Erscheinen seit 1894).

1. Heft. **Térey, Gabriel, v.,** Verzeichnis der Gemälde des Hans Baldung gen. Grien. Mit 2 Lichtdrucktafeln. 2.50
2. **Meyer-Altona, Ernst,** Die Skulpturen des Straßburger Münsters. Erster Teil: Die älteren Skulpturen bis 1789. Mit 35 Abbildungen. 3.—
3. **Kautzsch, Rudolf,** Einleitende Erörterungen zu einer Geschichte der deutschen Handschriftenillustration im späteren Mittelalter. 2.50
4. **Polaczek, Ernst,** Der Uebergangsstil im Elsaß. Ein Beitrag zur Baugeschichte des Mittelalters. Mit 6 Tafeln. 3.—
5. **Zimmermann, Max Gg.,** Die bildenden Künste am Hof Herzog Albrechts V. von Bayern. Mit 9 Autotypieen. 5.—
6. **Weisbach, Werner,** Der Meister der Bergmannschen Offizin und Albrecht Dürers Beziehungen zur Basler Buchillustration. Ein Beitrag zur Geschichte des deutschen Holzschnittes. Mit 14 Zinkätzungen und 1 Lichtdruck. 5.—
7. **Kautzsch, Rudolf,** Die Holzschnitte der Kölner Bibel von 1479. Mit 2 Lichtdrucktafeln. 4.—
8. **Weisbach, Werner,** Die Basler Buchillustration des XV. Jahrhunderts. Mit 23 Zinkätzungen. 6.—
9. **Haseloff, Arthur,** Eine Thüringisch-Sächsische Malerschule des XIII. Jahrh. Mit 112 Abbildungen auf 49 Lichtdrucktafeln. 15.—
10. **Weese, Artur,** Die Bamberger Domskulpturen. Ein Beitrag zur Geschichte der deutschen Plastik des XIII. Jahrhunderts. Mit 33 Autotypieen. (Vergriffen). 6.—
11. **Reinhold, Freiherr v. Lichtenberg,** Dr., Ueber den Humor bei den deutschen Kupferstechern und Holzschnittkünstlern des XVI. Jahrh. Mit 17 Tafeln. 8.—
12. **Scherer, Chr.,** Studien zur Elfenbeinplastik der Barockzeit. Mit 16 Abbildungen im Text und 10 Tafeln. 5.—
13. **Stolberg, A.,** Tobias Stimmers Malereien an der Astronomischen Münsteruhr zu Straßburg. Mit 3 Netzätzungen im Text und 5 Kupferlichtdrucken in Mappe. 7.—
14. **Schweitzer, Hermann,** Dr., Die mittelalterlichen Grabdenkmäler mit figürlichen Darstellungen in den Neckargegenden von Heidelberg bis Heilbronn. Mit 21 Autotypieen und 6 Tafeln. 8.—
15. **Gabelentz, Hans von der,** Zur Geschichte der oberdeutschen Miniaturmalerei im XVI. Jahrhundert. Mit 12 Tafeln. 7.—
16. **Moris-Eichhorn, Kurt,** Der Skulpturenzyklus in der Vorhalle des Freiburger Münsters und seine Stellung in der Plastik des Oberrheins. Mit 60 Abbildungen im Text und auf Blättern. 10.—
17. **Lindner, Arthur,** Die Basler Galluspforte und andere romanische Bildwerke der Schweiz. Mit 25 Textillustrationen und 10 Tafeln. 4.—
18. **Vogelsang, Willem,** Holländische Miniaturen des späteren Mittelalters. Mit 24 Abbildungen im Text und 9 Tafeln. 6.—
19. **Haendcke, Berthold,** Prof. Dr., Die Chronologie der Landschaften Albrecht Dürers. Mit 2 Tafeln. 3.—
20. **Pückler-Limpurg, S. Graf,** Martin Schaffner. Mit 11 Abbildungen. 3.—
21. **Peltzer, Alfred,** Deutsche Mystik und deutsche Kunst. 8.—
22. **Tönnies, Eduard,** Leben und Werke des Würzburger Bildschnitzers Tilmann Riemenschneider 1468—1531. Mit 39 Abbildungen. (Vergriffen). 10.—
23. **Weber, Paul,** Beiträge zu Dürers Weltanschauung. Eine Studie über die drei Stiche Ritter Tod und Teufel, Melancholie und Hieronymus im Gehäus. Mit 4 Lichtdrucktafeln und 7 Textbildern. 5.—
24. **Mantuani, Jos.,** Tuotilo und die Elfenbeinschnitzerei am «Evangelium longum» (= Cod. Nr. 53) zu St. Gallen. Mit 2 Tafeln in Lichtdruck. 2.—
25. **Bredt, Wilhelm Ernst,** Der Handschriftenschmuck Augsburgs im XV. Jahrhundert. Mit 14 Tafeln. 6.—
26. **Haack, Friedrich,** Friedrich Herlin, sein Leben und seine Werke. Eine kunstgeschichtliche Untersuchung. Mit 16 Lichtdrucktafeln. 6.—
27. **Suida, Wilhelm,** Die Genredarstellungen Albrecht Dürers. 3.50
28. **Behncke, W.,** Albert von Soest, ein Kunsthandwerker des XVI. Jahrhunderts in Lüneburg. Mit 83 Abbildungen im Text und 10 Lichtdrucktafeln. 8.—
29. **Ulbrich, Anton,** Die Wallfahrtskirche in Heiligelinde. Ein Beitrag zur Kunstgeschichte des XVII. und XVIII. Jahrhunderts in Ostpreußen. Mit 6 Tafeln. 7.—
30. **Frankenburger, Max,** Beiträge zur Geschichte Wenzel Jamnitzers und seiner Familie. Auf Grund archivalischer Quellen. 4.—
31. **Stolberg, A.,** Tobias Stimmer, sein Leben und seine Werke. Mit Beiträgen zur Geschichte der deutschen Glasmalerei im 16. Jahrh. Mit 20 Lichtdrucktafeln. 8.—
32. **Hofmann, Fr. H.,** Die Kunst am Hofe der Markgrafen von Brandenburg fränkische Linie. Mit 4 Textabbildungen und 13 Tafeln. 12.—
33. **Pauli, Gustav,** Hans Sebald Beham. Ein kritisches Verzeichnis seiner Kupferstiche, Radierungen und Holzschnitte. Mit 36 Tafeln. 35.—
34. **Weigmann, A. O.,** Eine Bamberger Baumeisterfamilie um die Wende des 17. Jahrhunderts. Ein Beitrag zur Geschichte der Dientzenhofer. Mit 25 Abbildungen im Text und 32 Lichtdrucktafeln. 12.—
35. **Schmerber, H.,** Studie über das deutsche Schloß und Bürgerhaus im 17. und 18. Jahrhundert. Mit 14 Abbildungen. 4.—
36. **Simon, Karl,** Studien zum romanischen Wohnbau in Deutschland. Mit 1 Tafel und 6 Doppeltafeln. 14.—
37. **Buchner, Otto,** Die mittelalterliche Grabplastik in Nord-Thüringen mit besonderer Berücksichtigung der Erfurter Denkmäler. Mit 18 Abbildungen im Text und 17 Lichtdrucktafeln. 10.—
38. **Scherer, Valentin,** Die Ornamentik bei Albrecht Dürer. Mit 11 Lichtdrucktafeln. 4.—

VERLAG VON J. H. ED. HEITZ (HEITZ & MÜNDEL) IN STRASSBURG.

119 **Killermann, Seb.**, A Dürers Pflanzen- und Tierzeichnungen und ihre Bedeutung für die Naturgeschichte. Mit 22 Tafeln. 10. —
120. **Humann, Georg**, Zur Geschichte der karolingischen Baukunst. Mit 31 Figuren. 4. 50
121 **Grill, Erich**, Der Ulmer Bildschnitzer Jörg Syrlin d. Aelt. und seine Schule. Mit 13 Tafeln 4. 50
122. **Fortlage, Arnold**, Anton de Peters Ein kölnischer Künstler des 18. Jahrhunderts. Mit 34 Tafeln. 6. —
123. **Müller, Franz L.**, Die Aesthetik Albrecht Dürers 8. —
124. **May, Ernst von**, Hans Blum von Lohr am Main. Ein Bautheoretiker der deutschen Renaissance. Mit 2 Abbildungen. 3. —
125. **Marignan, A.**, Étude sur le manuscrit de l'Hortus deliciarum 3. 50
126. **Naumann, Hans**, Die Holzschnitte des Meisters vom Amsterdamer Kabinett zum Spiegel menschlicher Behältnis (gedruckt zu Speier bei Peter Drach). Mit einer Einleitung über ihre Vorgeschichte. Mit 274 Zinkätzungen. 20. —
127 **Eckardt, Anton**, Die Baukunst in Salzburg während des XVII. Jahrhunderts. Mit 10 Abbildungen im Text und 29 Tafeln. 8. —
128 **Schauber, Jos.**, Die mittelalterlichen Chorstühle in der Schweiz. Mit 11 Tafeln 6. —
129 **Demmler, Theodor**, Die Grabdenkmäler des württembergischen Fürstenhauses und ihre Meister im XVI. Jahrhundert. Mit 39 Lichtdrucktafeln. 14. —
130 **Beth, Ignaz**, Die Baumzeichnung in der deutschen Graphik des XV. und XVI. Jahrhunderts. Ein Beitrag zur Geschichte der deutschen Landschaftsdarstellung. Mit 112 Abb. von Baumtypen 12. —
131 **Maier, August Richard**, Niclaus Gerhaert von Leiden. Ein niederländer Plastiker des 15. Jahrhunderts Seine Werke am Oberrhein und in Oesterreich. Mit 20 Lichtdrucktafeln. 6. —
132. **Geisberg, Max**, Das Kartenspiel der Kgl. Staats- und Altertümer-Sammlung in Stuttgart. Mit 49 Tafeln in Lichtdruck und 1 Abbildung im Text. 16. —
133. **Lübbecke, Fried.**, Die gotische Kölner Plastik. Mit 44 Lichtdrucktafeln 12. —
134. **Pauli, Gustav**, Hans Sebald Beham, Nachträge zu dem kritischen Verzeichnis seiner Kupferstiche, Radierungen und Holzschnitte Mit 6 Lichtdrucktafeln. 6. —
135 **Pauli, Gustav**, Barthel Beham. Ein kritisches Verzeichnis seiner Kupferstiche. Mit 4 Lichtdrucktafeln. 6. —

Unter der Presse:

Albert, P., Der Meister E. S. Sein Name, seine Heimat und sein Ende. Mit 13 Tafeln.
Molsdorf, W., Gruppierungsversuche im Bereiche des ältesten Holzschnittes.
Ochenkowski, Henryk, Die Selbstbildnisse von Albrecht Dürer.
Frankl, Paul, Die Glasmalerei des 15. Jahrhunderts in Bayern und Schwaben Mit zahlreichen Abbildungen.

Weitere Hefte in Vorbereitung. — Jedes Heft ist einzeln käuflich.

Schweinfurth, Ph., Ueber den Begriff des Malerischen in der Plastik. 3 50

GIORGIO VASARI
DIE LEBENSBESCHREIBUNGEN DER BERÜHMTESTEN ARCHITEKTEN, BILDHAUER UND MALER.

Bd. I. Die Künstler des Trecento.
Bd. II. Die florentiner Maler des 15. Jahrhunderts. Von Dr. E. Jaeschke. M. 5.— gebd. M. 6.—
Bd. III. Die italienischen Architekten und Bildhauer des 15. Jahrhunderts. Von Adolf Gottschewski. M. 10.50 gebd. M. 12.—
Bd. IV. Die mittelitalienischen Maler. Von Dr. G. Gronau M. 15.50 gebd. M. 17.—
Bd. V. Die oberitalienischen Maler. Von Dr. G. Gronau M. 10.50 gebd. M. 12.—
Bd. VI. Die florentiner Maler des 16. Jahrhunderts. Von Dr. G. Gronau. M. 10.50 gebd. M. 12.—
Bd. VII. Die italienischen Architekten und Bildhauer des 16. Jahrhunderts. 1. Halbband. Von Dr. Adolf Gottschewski. M. 10.50 gebd. M. 12.—

(Die Bände I und VII (2. Halbband) werden baldigst erscheinen.)